从战略到运营

流程价值实践指南

张燕飞　陈志强 —— 著

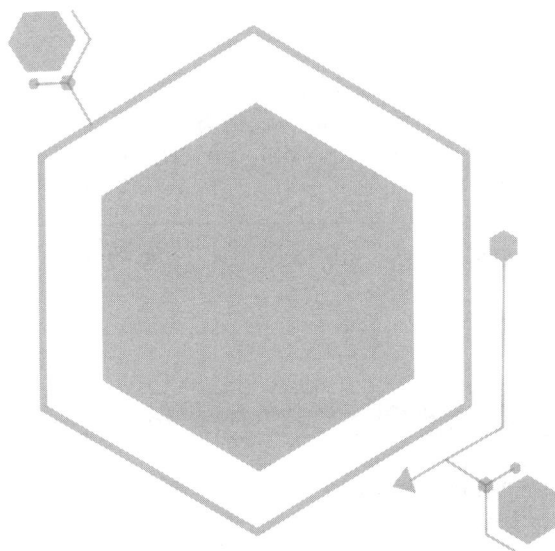

中国铁道出版社有限公司

CHINA RAILWAY PUBLISHING HOUSE CO., LTD.

北　京

图书在版编目（CIP）数据

从战略到运营：流程价值实践指南 / 张燕飞，陈志强著.
北京：中国铁道出版社有限公司，2024. 12. -- ISBN 978-7-113-31477-4

Ⅰ. F272-62

中国国家版本馆 CIP 数据核字第 20242CF126 号

书　　名：**从战略到运营——流程价值实践指南**
CONG ZHANLÜE DAO YUNYING：LIUCHENG JIAZHI SHIJIAN ZHINAN
作　　者：张燕飞　陈志强

责任编辑：张　丹　　　编辑部电话：(010) 51873064　　　电子邮箱：232262382@qq.com
封面设计：郭瑾萱
责任校对：苗　丹
责任印制：赵星辰

出版发行：中国铁道出版社有限公司（100054，北京市西城区右安门西街 8 号）
网　　址：https://www.tdpress.com
印　　刷：河北宝昌佳彩印刷有限公司
版　　次：2024 年 12 月第 1 版　2024 年 12 月第 1 次印刷
开　　本：710 mm×1 000 mm 1/16　印张：13.5　字数：200 千
书　　号：ISBN 978-7-113-31477-4
定　　价：68.00 元

版权所有　侵权必究

凡购买铁道版图书，如有印制质量问题，请与本社读者服务部联系调换。电话：(010)51873174
打击盗版举报电话：(010)63549461

三分建设，七分运营

　　这是我第二次为燕飞的著作写序，也是我的荣幸。燕飞致力于推动流程管理理念和方法的传播，这一点我非常赞赏。我们都在做同样的事情，并且我认为这是很有价值的事，无论是对企业，还是对社会。

　　企业在流程建设上如果缺乏系统性的指引，容易走入误区，比如，只关注管控，而不关注价值创造。

　　流程的利益相关者，包括客户、股东、员工、合作伙伴等，这些群体的价值主张要成为流程建设的牵引。

　　流程和流程体系是两个概念，前者是单一的流程，分布在不同的业务领域。而流程体系则是企业级的，涵盖了完整的价值链，要成为组织高效运营的能力底座，也是企业数字化转型的基础。

　　上规模的企业通常都有大量的流程，但大多是碎片化的，缺乏整体的商业价值和客户价值导向。所以，本书围绕流程价值，系统性地展现流程价值实现的方法。

　　流程变革需要顶层设计。首先要从战略的视角来驱动流程变革。流程架构要适配公司战略，承载公司各阶段的变革成果。企业要基于当前的能力差距和变革优先级，进行变革规划，有序地展开变革。

　　流程要落到日常的运营中，因为流程就是业务流，要反映业务的本质。所以流程的运营价值要成为关注的焦点。三分建设，七分运营。运营的重点是流程的绩效和合规风控。所以，本书也从运营的视角，给出了流程的成本分析、风险和流程的融合等方面的建议，同时也明确了流程绩效持续改进的方向。

　　本书涉及大量的方法框架内容，虽然有的没有完全展开，但会给读者系统性的讲解，为后续可以深入学习构建方向和基础。燕飞以深厚的学术基础，为我们呈现了专业级的流程管理。

本书的主体内容是燕飞独立完成的，我只是给出了内容结构的优化建议，以及局部完善的建议。燕飞让我成为第二作者，我是受之有愧的。

燕飞目前在知名企业负责流程管理工作，她不仅有丰富的变革实践经验，同时还具有全球化的学术视野，非常期待她未来有更多的著作出版。

本书对企业的管理者、流程管理专业人员和顾问及数字化变革人员等开展流程工作，且有很好的指导意义。

流程管理专家、杰成合力科技创始人　陈志强

2024 年 8 月

新手到老手

正如业务流程管理专家迈克尔·罗斯曼所言,业务流程犹如组织的血管,充满生命活力,它们决定了组织创造价值的方式、速度及客户服务的成本。流程不仅映射出组织的生产力、有效性和效率,还反映了其可靠性、复杂性,并最终映射其文化。因此,构思不周或管理不善的业务流程可能会损害公司利益,阻碍生产力和效率的提升。若一个低效的流程被原样自动化,它实际上会放大不佳的绩效,破坏业务目标的实现。

世界的变化速度已远超我们的想象,组织必须能够迅速且有效地作出反应,成功的公司正通过新的方法、理念和产品超越竞争对手。业务流程管理的倡导者认为,经济、高效、低风险且快速的流程优化能力,是流程管理的基本价值主张,它使组织能够不断重塑业务运营,并在持续改进的过程中注入创新活力。

流程管理在关注"企业稳定运营,提效降本"的传统能力之余,还需具备"支持不稳定业务"的新能力。这一切的变化,得益于数字化新兴技术带来的机遇与挑战,正如第一次工业革命、第二次电力革命和第三次信息化革命所带来的那样,这些变化并非时尚潮流所驱动,而是数字化技术驱动的必然结果。

随着流程管理的方法在国内标杆公司的成功应用,越来越多的企业开始关注并实施这种方法。同时,它也吸引了越来越多的关注。在数字化时代的浪潮下,流程管理技术得到了流程挖掘、机器人流程自动化(RPA)等技术的加持,进入了新的发展阶段。

对于国内企业而言,无论是大型企业、中型企业还是一些小企业,都开始积极迎接流程管理的挑战。这些组织或刚开始关注并实施流程管理,或是已经步入流程管理实施的成熟期。然而,一些企业在实施了流程管理一段时间后,会对流程管理的更深层次价值感到迷茫,随之有可能进入瓶颈期。还有一些组织则希望通过新技术为企业运营带来新的机遇,即正在探索进入创新期。因此,随着流程管理在组织中的深入实施,组织的状态和需求也会不断发生变化。

当流程管理实施一段时间后,管理者开始思考如何使其为企业创造更高的战略价值,而非仅限于日常的基础运营。流程管理必须与组织战略保持一致。这种一致性是确保流程管理与企业长期优先事项相关,并为其贡献价值的关键。战略一致性并非单方面的承诺,即流程管理战略单纯支撑企业战略。

实际上,成功的流程管理也能塑造企业战略,例如,通过提升流程绩效来创造竞争优势。尽管战略一致性的重要性被广泛认可,但在流程管理实践中,如何实现这一一致性仍是一个待解的问题。从战略到执行的过程复杂且充满挑战,战略与业务运营之间往往存在差距,即"转化失真"的问题。相信每个企业管理者都渴望拥有一个 AI 机器人,能够实时告知实际执行路径中与战略目标的每一个偏差。

流程如何支持企业战略目标的实现?如何验证流程优化举措的战略支撑度?如何确保战略与流程设计或优化的一致性?本书正是针对这些关于"流程价值"的问题,尝试提出流程管理如何创造战略价值的方法。本书主要内容包括:

(1)探讨企业战略和价值诉求;

(2)分析流程管理如何为企业带来价值;

(3)引入流程管理的战略价值模型;

(4)从战略规划层展示流程价值;

(5)从战略运营层展示流程价值。

根据国际战略管理协会提出的框架,企业管理可以被分为战略规划、转型变革与日常运营三个阶段。本书以此框架为基础,分为三个篇章进行阐述。第一篇讲述从战略到运营过程中,流程价值如何被识别和传递;第二篇从转型变革的角度阐述流程管理支撑战略的方法;第三篇则从日常运营的角度来阐述流程中如何管理和改进相关的效果、效率、成本、风险。

书中提出的一些方法,希望能够引起企业高管层的更多关注,若其中的某些方法能够结合企业实际,助力实现业务价值,那将是我最大的欣慰。

最后,希望读者在阅读和学习过程中能够有所启发,不断成长。

张燕飞

2024 年 7 月

目　　录

第一篇

了解流程：如何创造业务价值

第一章

价值从何而来

尽管业务流程管理（business process management，BPM）的重要性已得到广泛认可，且人们普遍认为有效的业务流程对企业的成功起着举足轻重的作用，然而在实际执行过程中，情况往往并不尽如人意。什么是价值？什么是流程价值？客户需要什么价值？实际中，企业的利益相关者对流程的期望和目标各不相同，又如何平衡这些不同的期望和目标？所以，对于流程价值的探讨是一个极具意义的话题，因为价值的明确是企业的本质且核心的问题。

第一节 价 值 困 惑

一、一直困扰的问题

在不断变化的企业经营环境下，管理者需要准确地识别哪些流程需要调整或优化，哪些流程成为阻碍效率的瓶颈。同时，他们还需深入了解流程的实际执行情况及其透明度。对于团队管理者而言，常常面临着这样的困境：即便团队成员不断加班，工作效率仍旧不高，难以完成关键绩效指标（KPI）。他们不禁要问，为什么流程会变得越来越复杂，需要投入的人力也越来越多？到底是哪些环节出了问题？遗憾的是，对于这类深刻的问题，流程管理人员往往难以在短时间内给出令人满意的答复。

所以,许多企业管理者和流程管理人员在日常工作中经常自问:"流程的价值何在?""流程如何支撑企业战略目标的达成?"

二、流程定位的困惑

一个令人困惑的现象出现了:尽管流程和流程管理的思想和方法得到了广泛认可,但在大多数情况下,人们仍对流程给企业带来的收益和价值持怀疑态度。这种怀疑态度对于高级管理层尤为明显,因为他们更关注业务目标、战略重点和关键举措,而不仅仅是基层业务领导所热衷的某一流程优化改进的效果。

基于上述事实,可以暂且接受这样一个观点:企业对于流程管理的认知存在不一致的现象,这导致了对流程的期望不同。

一种观点认为,流程的作用是管控。在流程设计、执行和优化过程中,这种管控思维始终贯穿其中。例如,合同评审流程会设置不同部门的评审点,以控制资金审批的权限。这种管控流程往往与企业的办公自动化系统(OA)相关联,导致许多人将流程等同于 OA 流程。这种思想强化了职能型组织资源管控的作用,但与流程的本质关系不大,甚至可能产生冲突。以合同评审流程为例,它作为订单履行流程的商务环节,旨在兼顾合同效率和风险。这种效率和风险是针对客户和内部员工而言的,而不仅仅是企业内部的资金风险控制。这种控制型流程的思想在许多企业中普遍存在,与价值型流程的思想存在本质区别。因此,从客户和企业的角度来看,控制型流程思维很难涉及价值。

另一种观点则认为,流程是简单的最佳实践的优化,是对业务执行过程的标准化,并实现文档管理。在这种思想主导下,推行流程管理工作时,人们往往将流程与流程图画上等号,认为流程就是作业程序,流程管理的核心对象是流程图。通过流程图规划岗位操作人员的工作,以提高效率。这种管理方式是基于基础的流程执行实现对业务的复现。暂且不论是否为"真正的最佳实践",它本质上对于业务优化没有任何帮助,其目的甚至只是应对企业的体系审核。这导致流程梳理变成了简单地绘制流程图并形成大量以流程图为核心的流程文件。从操作过程来看,流程图绘制高手成了流程梳理工作中的主力军。于是,画流程图、写流程文件成了流程管理专职人员的主要工作。他们投入了大量精力将现有的业务以流程图的形式呈现出来,并着力追求流程图的美观、规范与统一。然而,随着时间的推移,企业会发现一堆漂亮的流程梳理成果并不能立即直接给企业带来价值:流程得不到有效执行、管理问题依然存在、经营业务与管理效率都无法得到改善。

出现这种现象的一大可能原因在于,企业沿用了以往质量管理的流程改进方法。在传统的质量管理流程中,改进往往是由基层发起的,并逐渐向上推进,其中标准化被视作一个不可或缺的要求。这种观念倾向于将流程的关注点局限在操作层面,而未将其纳入更广泛的企业管理范畴。从"工厂操作"视角向"董事会"视角的转变,是体现流程价值升级的关键所在。然而,遗憾的是,许多企业至今仍停留在标准化的流程管理阶段。

总之,无论是将流程定位为办公自动化(OA)系统的管控流程,还是进行标准化的流程文档梳理,这些做法都与流程价值的核心理念相差甚远。

三、流程优化的困惑

除了对流程管理的认知存在分歧外,流程管理的具体执行中也存在着价值差距。最具价值优势的"流程改进"在执行中也常显现出价值缺失,这直接体现在它与企业战略的关联度上,即对于业务目标的支撑力度不足,一个主要的问题是流程改进资源的优先级选择。

由于许多企业的流程工作未能吸引高级管理层的参与,或者没有与高级管理层定期沟通的平台,因此大部分流程改进工作都是基于自下而上的需求展开的。这类流程改进工作的需求众多,并深受基层业务主管的欢迎,因为它们能够解决日常业务中的痛点问题。

然而,长此以往,这种方式被误认为是流程价值的全部。当偶尔有机会与高层管理者沟通时,他们往往会下意识地表示"我没有感觉到任何价值"。这是因为这种自下而上、未经战略资源评估的流程改进方法往往只针对底层流程甚至活动层级进行优化,与业务目标距离甚远。未经业务目标筛选和挑选的流程优化项目往往价值有限。

事实上,并非所有流程都值得改进,只有那些位于业务主航道的流程才值得投入资源进行优化。那些直接支撑业务目标的流程通常能为企业带来最大的收益。帮助企业实现业务目标的常见流程包括开发和制造新产品流程、完成产品订单流程以及管理客户服务流程。这些流程的执行可能需要数百甚至数千项任务的协同合作，涉及业务中的人员、IT系统和其他设备，甚至可能包括业务流程外包提供商。这些核心流程在企业全部流程中所占比例可能仅为20％，是一小部分关键流程。

此外，单个流程改进项目在执行过程中也存在价值盲区。首先，从项目形式上来看，流程改进项目与传统IT项目存在显著区别。在流程项目中，业务分析是先于IT开发的必要步骤，这样可以有效避免IT系统的频繁变更和资源浪费。同时，根据业务需求直接对IT系统进行修订，也会给IT资源带来不小的负担。在方案设计阶段，还需要提供包含流程、组织和角色建议的流程解决方案。然而，这些变化点往往只有参与流程改进项目的人员才能深切体会到。在企业层面，高层管理者无法感知到"流程项目"与"IT项目"之间的本质区别，因此对于流程项目的独特价值也缺乏认识。他们难以察觉单个流程优化项目因方法不同而带来的价值。

另一方面，在流程优化实践中，许多企业忽视了有效诊断和洞察的重要性，仅仅满足于简单的梳理和调整，未能深入触及流程的本质问题。这种现象很大程度上缘于流程优化未能与业务目标紧密关联，缺乏基于业务价值链的分析，结果导致流程优化项目虽然看似有成果输出，但随着时间的推移，类似问题仍会反复出现。这种"头痛医头、脚痛医脚"的做法不仅无法根治问题，还会引发管理层对流程优化和管理的质疑。与战略目标关联度不高的另一个重要表现是，企业对于跨部门和端到端流程的管理有所欠缺。对于一些在流程管理方面较为成熟的企业而言，它们已经成功地建立了比较完善的流程管理机制，流程优化在各领域能够常规化开展，流程所有者也开始认识到自身职责并积极履职。这一从无到有的流程管理建设在各层级管理者中都得到了价值认可。

然而，随之而来的是新的思考："我们的流程管理是否就此止步？是否还有更深层次的价值可以挖掘？"如果流程管理的价值始终局限于单一领域的流程优化,那么高级管理层的注意力很可能会被分散,从而难以激发他们更大的兴趣和期待。

在流程定位和流程执行方面,许多企业都面临着如何实现流程价值的挑战。要解决这个问题,一个显而易见的答案是实现以价值为驱动力的流程管理。在商业领域,价值的定义通常与战略和业务目标紧密相连。要让管理层看到流程的价值,要让流程为企业的战略作出贡献,就必须将流程管理的重心从执行层提升到战略层,实现战略驱动的流程优化和管理,只有这样,才能赢得管理层的关注并获取更多的资源支持,实现流程从战略到执行的全生命周期的价值。

四、探究价值的本质

企业为什么存在?这也是企业的本质且核心的问题。企业不仅要在刚刚起步的时候回答这个问题,在进入成熟期后也要时刻思考这个问题,以确保企业能够持续发展。为了回答这一问题,企业管理者需要跳出传统的生产者或提供者的角色,从客户及市场的角度由外而内思考,才能够找到一个有可能是正确的答案。如果只是站在自己的角度去思考,很可能找不到答案,或者找到的答案是错误的。

如果说企业存在的一个根本原因是为利益相关者提供价值,这种说法应该不会有太多人反对。然而,究竟什么是"价值",不同利益相关者对价值内涵的理解又是另一个议题。在商业环境中,价值不应局限于狭隘的会计视角,即仅将其理解为产品或服务的物质或货币价值,而应以更广泛、普遍的意义理解。

1. 价值的来源

"价值"一词源自古代法语"valoir",意为"值得",可以解释为某事物的重要性或有用性。认为某事是值得做的,是值得尊重的。因此,在商业世界中,"价值"也可理解为某事物的"值得性""有用性""重要性""优势性",不限于货币形态,亦包括非货币形态。非货币形态的价值示例包括成功交付客户需求的产品或服务、及时解决客户问题、获取最新信息以做出更佳商业决策等。这些对企业而言,均属于"值得"的行为。

价值的体现通常与组织交付的产品和服务紧密相关,这一概念融入了公司的商业模式,阐释了企业如何创造、提供和获取价值。可以从两个维度对价值进行理解:效用(utility)和保障(warranty)。效用涉及产品或服务所提供的功能,以满足特定需求,这通常被概述为"实现目标"。保障则是关于产品和服务能否满足既定的承诺和保证,这通常被认为是"保证使用"。效用代表客户所追求的,保障则描述了产品和服务的交付过程。二者共同构成了价值的全貌。

在客户的眼中,被视为"有价值的""实用的""重要的""受到尊重的"元素可能是多方面的,包括产品本身、服务质量、交付流程、快速响应、客户体验以及在交付前后对客户情感的维护等。

从这一角度分析,企业所倡导的"价值导向"与"收益导向"存在细微的差异。收益是一种客观的量化指标,大多数情况下着眼于有形的物质或财务成果,价值的概念则更为广泛,不仅包括有形的财务产出,也包含了无形的非财务产出,如客户体验和客户口碑等,它更多地涉及主观感知。

企业的价值源于外部,具体来说是源自客户。正因如此,众多企业推崇"以客户为中心"的管理理念与原则。然而,在现实操作中,诸多理念和策略常常被证实难以落实。举例来说,尽管利益相关者管理的知识容易理解,但在工作实践中却难以达到预期效果。

类似的情况也出现在"以客户为中心"的执行上,许多公司仅仅是口头强调,自认为正在实践此原则。细致检视之后,现实可能远非如此,结果甚至令人失望。组织内部所付出的努力和成本,其成果最终都体现在外部。不幸的是,随着团队的扩大,内部问题接踵而至,如人际关系问题、决策冲突等,常导致组织陷入内部困境而无法将注意力和视角集中在外部客户及市场上。

"谁是客户?""客户通过何种方式购买?""客户具体购买了什么?""客户心中的价值是什么?""客户在寻找什么?"这些问题的答案并非易寻。

尽管各部门和个人的工作成果并不直接销售给客户,但这些成果什么时候才具备价值呢?当客户利用这些成果并觉得它们对自己的工作和生活有所助益时,价值实现才得以完成。

作为企业的管理者需要真正理解客户对价值的感知，客户对价值的感知有时候和企业内部的感觉是完全不同的。企业觉得好像客户是买了一台电动汽车的代步交通工具，但对一部分群体来说，他们认为那是对于环保的敬畏。也正是这个原因，在任何时候，千万不要认为客户是不理性的。只有不尊重客户想法和价值的企业，没有所谓的"不理性的客户"。

流程是组织为客户及其他利益相关者创造价值的唯一路径。组织中各个独立职能部门无法单独对外提供价值。对于客户，他们并不关心组织内部的黑盒子是怎样运作的，想要的只是结果，而且是有价值的结果。客户不关心组织内部运作，并不代表组织自己也不需要关心。相反，组织自己需要建立一套内部运作机制方法来实现客户需要和期望的价值成果，如图 1-1 为客户与企业内部的关系。

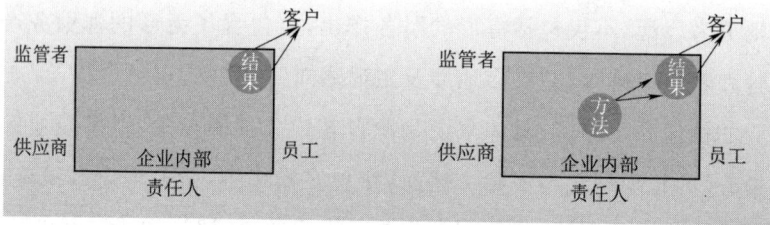

图 1-1　客户与企业内部的关系

结果与过程并非总是一致的。例如，依循最佳实践的方法不能保证达到理想结果；开发和生产符合组织效率与质量期望的产品，并不意味着已经满足了客户的需求。内部努力的成果不一定等同于业务输出，因为业务价值的产出总是面向外部。然而，结果与过程都有创造价值的潜力。结果的关注点在于交付的成果，确保做对的事是管理层的职责；过程则注重性能的优化和改进，保证以正确的方式执行任务是执行层的责任。

业务存在的根本原因在于为利益相关者或相关群体提供价值。因此，组织应该关注利益相关者的需求和期望，在此基础上实现三种类型的价值产出：利益相关者关系、战略和业务流程。战略集中于结果的实现，业务流程聚焦于执行方式和过程，利益相关者关系则涵盖了对内外各方的关注。

利益相关者关系是基于满足需求和期望而建立和保持的良性互动,需要借助指标衡量当前与未来绩效的差距以发现或者实现每一类利益相关者的所需能力及变革程度。因此,应与各类利益相关者就其期望的未来达成共识,并确定衡量成功和进步的方法,最终才能识别出弥合差距所需的关键能力或因素。

战略规划确定了企业长远的方向和目标,利益相关者影响下的业务流程则产出具有价值的工作。战略界定了业务的本质,业务流程则说明了如何提供更优的结果。具体来说,业务流程描述了组织中的操作流程和步骤,揭示了如何将原材料、信息等输入转换为有价值的输出,这些输出通过满足利益相关者的需求和期望创造价值。

2. 价值的表现

价值的表现可以通过多种技术进行明确,其中包括价值链、价值流、精益价值流以及价值网络。每种方法都设有独特的目的与侧重点,但实践中常因概念混淆而被误解。

- 价值链专注于经济价值和提升组织的竞争力,例如迈克尔·波特提出的价值链模型;
- 价值流由开放式组织联盟(the open group)定义,将端到端的价值创造系统拆分成一系列由业务能力实现的核心活动,从而与组织的商业模式衔接;
- 精益价值流主要针对制造环境中的价值流,专注于识别并优化流程中的浪费;
- 价值网络描绘了企业内部与外部间的社会和技术资源,关注参与者和价值关系的识别。

(1)价值链

价值链是迈克尔·波特在《竞争优势》一书中介绍的概念,将企业拆分为各个战略相关活动,目的是探索成本行为和潜在竞争差异性。价值链从经济价值角度关注价值,着眼企业整体活动的成本与利润,探求在企业内部如何创造经济价值,提供了一种理解企业如何生成经济价值的宏观视野。

以 IT 价值链为例,该价值链是组织为了交付高价值的 IT 产品或服务而执行的一系列活动。

IT 部门所提供的这些活动严格按照既定的顺序进行,在整个生命周期中的每个环节都为 IT 产品和服务增加价值,对于创造产品或服务价值至关重要,如图 1-2 所示为 IT 价值链。

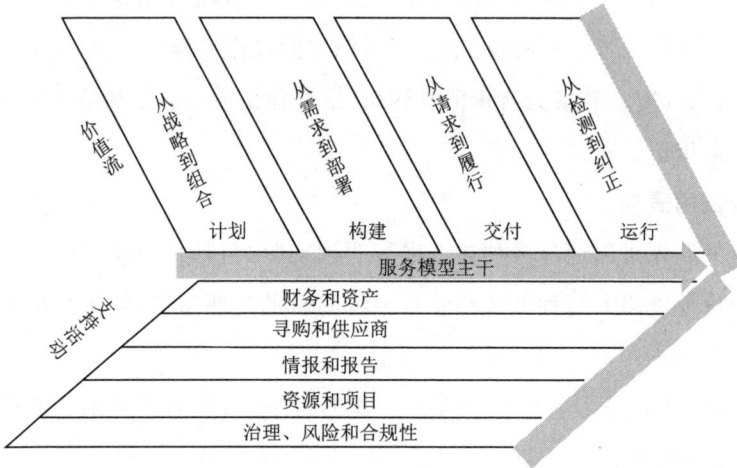

图 1-2 IT 价值链

IT 价值链被用来描述 IT 业务的模型,此模型包括计划、构建、交付、运行等主要活动,以及财务管理、人力资源、治理和供应商管理等支持活动。与波特价值链模型相似,IT 价值链对主要活动和支持活动进行分类的一种机制,涵盖:

• 主要活动:与产品或服务的生产和交付直接相关,由 IT 部门直接负责;

• 支持活动:有助于提升主要活动的效率和有效性。

图 1-3 展示了股东和客户等利益相关者、部门以及所有活动,如何在跨部门流程中互相关联,并为客户和其他利益相关者创造价值。当足够多的高层管理人员开始采纳价值链的思维方式,组织便能考虑如何改变工作模式来提升价值创造。

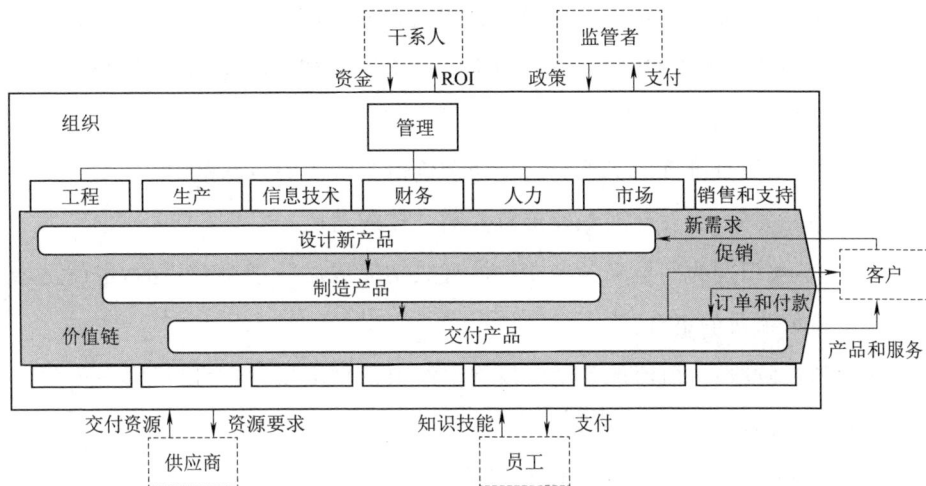

图 1-3 某公司价值链图

（2）价值流

价值分析方法的概念可追溯至詹姆斯·马丁的著作《伟大的转变》。价值流旨在创建一个端到端的价值视角，这种视角从客户（或利益相关者）的角度出发，以符合组织商业模式的实现，而不仅是财务、组织或运营模式的简单配合。这使得价值流的定义更具通用性，不局限于制造业的流程之中。无论是在企业层面还是业务单元层面，价值流既可能由外部因素触发，如零售客户的购买行为，也可能源自内部，如管理层对新员工的聘用。

价值流具有以下特点：

- 将端到端的价值创造系统细分成一系列由业务能力实现的核心活动；
- 价值总是根据利益相关者的视角来定义，无论是客户、最终用户，还是产品、服务、结果或可交付成果的接收方；
- 价值的认知更多取决于利益相关者对产品、服务或成果价值的主观感受，而不是其生产成本等内在价值。

通过识别价值流，组织可进行业务能力映射，创建价值流能力热点图。由于这些能力是价值流的一部分，而价值流本质上是实现组织价值交付过程的手段，因此对实现组织目标至关重要。价值流的描述与分解具体如下：

- 名称:价值流的名称应从发起利益相关者的角度出发,简明易懂。它与业务能力的命名方式不同,应使用主动时态而非被动时态,并通常采用动名词结构,如"获得零售产品"和"招募员工"。
- 描述:简短且准确的描述有助于明确价值流涉及的活动范围。
- 利益相关者:指发起或触发价值流的个体或角色。
- 价值:被识别为利益相关者在价值流成功完成后所期望获得的,也就是增量价值项目的集合。
- 价值流阶段:价值流的各个阶段均由增值活动组成,每个阶段都在为利益相关者创建并增加价值。

一个价值流描述的示例,具体介绍见表1-1。

表1-1 价值流示例

价值流名称	获取零售产品
描述	寻找、选择和获得所需零售产品所涉及的活动
干系人	希望购买产品的零售购物者
价值	客户能够定位并及时获得所需的产品

组织要实现从战略层面向运营层面的顺利过渡,核心在于构建组织内部的核心竞争力。这种核心竞争力通常体现在企业的价值流上,具体表现在多个方面:在供应链管理方面,关注从制造到分销、从关系到合作、从订单到现金、从申购到付款等价值流程;在市场和客户方面,聚焦于从潜在客户到实际客户、从需求提出到服务提供、从概念形成到产品开发、从市场研究到销售实现等价值流程;在商业分析(BI)方面,则重视从洞察力生成到战略制定、从问题认识到预防措施等价值流程。

若进一步对企业级价值流进行拆解,可以细分出更下一级的业务流程。以从市场到销售的价值流为例,其下一层级的流程包括制定营销战略、确定定价策略与调整方案、管理并执行营销活动、评估市场营销的有效性及实施控制、管理销售机会、维护客户关系、管理合作伙伴关系以及编制销售预测与报告等。通过这种逐层拆解的方式,企业内部将形成一个相互协作、紧密配合的流程网络。

在组织系统的视角下,各个流程并非孤立存在,而是相互依存、相互影响的。因此,业务管理过程需要深入研究流程之间的相互依赖性。从这个意义上讲,价值流作为起点,流程需要适应价值链网络并与之保持高度的一致性。

(3)精益价值流

精益价值流映射了客户的需求如何从原材料转化为最终的产品或服务,并且关注流程中的所有活动,无论是增值还是非增值。精益价值流映射作为流程改进的技术,通过使用价值流映射工具,着重识别并消除各个流程中的浪费与非增值活动,如图 1-4 所示。这样做可缩短整个过程所需时间,持续地为流程带来价值增加,尤其是提升对客户的价值。

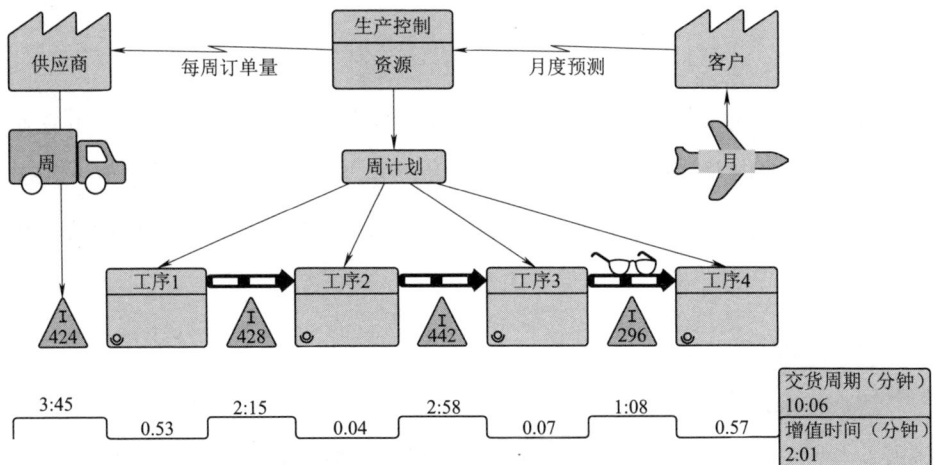

图 1-4 精益价值流示例

精益价值流的应用范围已经扩展,不仅在制造环境中得到广泛使用,同样适用于办公环境。在非制造领域中,精益价值流同样有效地识别出浪费点,并指导流程改进,促进业务流程的整体效率提升。通过这种全面的改进策略,组织能够更好地满足客户需求,实现价值最大化。

（4）价值网络

价值网络专注于阐明企业之间所存在的社会与技术资源之间的相互关系。图1-5展示了价值网络的构成,其中的节点代表企业的每个角色,这些节点通过交互相连。这些交互可以代表有形的交换(如产品或资金)或无形的可交付成果。构建价值网络的主要目标在于揭示企业内部及不同企业之间的复杂关系以及其中的价值交换过程。

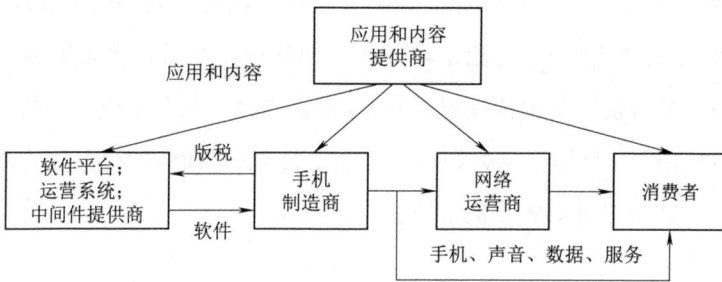

图 1-5　价值网络图示例

通过绘制价值网络图,可以明确地识别与分析参与者之间的相互作用及其对企业战略执行的贡献和在整个行业的定位。这一过程不仅有助于了解产业链中各参与者如何相互依存、合作与协同工作,还可以评估这些互动如何创造或分配价值。

五、端到端流程

致力于采用流程思维持续改进运营绩效的组织,必将理解发展高质量流程模型的重要性。其中,端到端(E2E)流程扮演着重要角色。端到端流程集合一系列以客户为中心的相关有序活动,构成企业级的业务流程。

端到端流程有很多不同的定义,还有各种各样的术语用来表示相同的东西。有些组织使用价值流、价值链或其他术语。首先,为了进行讨论,本书将端到端流程定义**流程的范围**,由聚焦客户的开始到结束定义,开始代表着客户需求的触发,结束是客户的需求状态,并且有标准化流程文档,如图1-6为端到端流程示例。

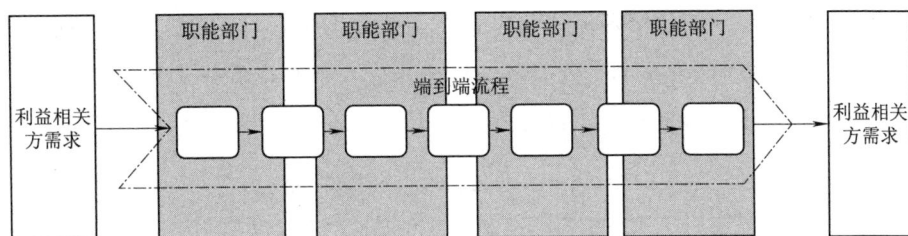

图 1-6　端到端流程示例

常见的端到端流程模型命名约定有三种类型：第一种是单词命名，如供应链运营参考模型（SCOR）中的"计划"流程；第二种是短语命名，例如 APQC 的过程分类框架（PCF）中的"开发企业愿景流程"；第三种是采用"从—到"短语，如"从接收订单到收到回款"的流程。

流程管理的核心在于流程改进，这对于端到端业务流程同样适用。组织对于企业级业务流程的定义及其当前的绩效达成一致理解后，便可制订计划来提升和管理端到端业务流程。这项计划需要回答两个基本问题：

（1）为了达成组织的战略目标，哪些业务流程需要改进及其改进的程度是什么？

（2）谁将承担改进和绩效管理的责任？

在企业寻求创建端到端流程时，并不是所有的流程都需要创建端到端，只需要识别和管理少数的关键流程即可，以下是美国生产力与质量中心（APQC）的一些建议：

业务流程支持或推动我们的组织战略计划，例如：创收、客户忠诚度、降低商品销售成本、业务流程很复杂，每天、每周等都要进行多次，以及业务流程是业务运营的关键，只有少数人真正了解/理解该流程的细节。如上这些标准都可以作为企业创建和定义端到端流程的参考。

价值流与流程的一个根本区别在于，价值流是组织为创建并向客户提供产品和服务采取的行为，从企业层级的角度关注价值的输出和业务能力；流程是一组相互关联或者相互作用的活动，将输入转化为输出，关注活动和活动协同之间的效率和效果，可以存在于企业的不同层级。其中，端到端流程关注的是企业层级的跨部门流程。随着两种概念和体系在企业中的应用,尤其是流程管理的核心价值开始聚焦"价值输出",价值流的概念和流程的概念在企业实践中开始逐渐融合。各类价值技术的关注点区别见表1-2。

表1-2　各类价值技术的关注点区别

名称	层级	关注点	关注者	主要技术方法
价值链	企业	企业竞争力	高层管理者	经济方法:成本和利润分析
价值网	企业	企业资源与技术	高层管理者	利益相关者方法
价值流	企业	实现价值主张的能力	高层管理者	增值
端到端流程	流程	企业级流程目标	流程负责人	业务流程管理/流程优化
精益价值流	流程	识别浪费	运营负责人/流程负责人	精益/流程优化

第二节　利益相关者价值

一、来自利益相关者的压力

相信大多数人都会欣然同意,商业领袖的首要责任是提高公司的长期价值。组织置身于社会的复杂环境中,不仅需要应对外部的经济、市场和技术挑战,还需重视股东和员工的需求与期望。由此引发了一个问题:公司的价值中心是股东、客户、员工还是其他利益相关者?在复杂的系统中,每一方利益相关者都能对他人产生影响,例如,高度敬业的员工能够提升客户满意度,并间接促进利润增长。

何谓利益相关者战略?它是一种为整个商业系统,股东、客户、员工、供应商和社区,带来增值的方法。尽管传统战略着眼于实现股东的经济价值最大化,利益相关者战略却在各方之间创造共同目标和相互利益,使得整体系统繁荣且可持续生产更多价值。那些拥有强大利益相关者战略的企业,提升了对公司宗旨、价值创造方式及对社会贡献的参与度和透明度,它们鼓励与利益相关者的思想交流,并寻求其帮助以理解满足需求的最优方式。在这些企业中,公司目标和社会责任处于战略核心而非边缘。社会、环境和可持续性报告等非财务报告，常被视为正式确定公司目标、使命和价值观、推动问责制和构建开放快速响应组织的工具，以此协调不同利益相关者。

有任何利益相关者可以被忽略吗？长期以来，一些人反对利益相关者战略，认为组织无法在不牺牲股东价值的前提下，在所有维度上创造价值。然而，近十年的研究数据显示，这一观点并不成立。多篇来自相关刊物的文章显示，在各维度上创造最大总价值的公司并没有牺牲股东价值。德鲁克研究所与《华尔街日报》共同发布的排名，结合标普全球分析显示，在标普500指数中，200家最高效的利益相关者、价值创造者的投资组合，其股东总回报率一直与整个指数持平。这些公司之所以出色，归功于其在"员工敬业度和发展、客户满意度、社会责任、创新和高质量收益"方面的卓越表现，它们的股东总回报率平均每年超额达到200个基点。

回到企业的本质问题上：企业存在的根本原因是为其核心利益相关者和社会提供价值，这包括通过组织交付的产品和服务来具化。价值构成了组织行为的基础，不仅体现在可见的财务成果上，也关乎受众的主观感受。利益相关者不仅包括客户、股东、社会等核心方，还涵盖员工、供应商、合作伙伴、监管机构等关键关系人。因此，组织应不断询问自身两个关键问题："我们是否在做正确的事情？""我们是否以正确的方式做事情？"

在面临传统的效率、质量、成本压力之外，组织同样要适应客户定制化和不断变化的需求，同时，数字化技术的转型也为组织带来了创新机遇和超级竞争的外部压力。此外，组织还必须应对全球合规、循环经济、碳排放、隐私保护等政策的要求。因此，更加深入地理解各类利益相关者的需要，有助于实现更大的价值创造。

二、利益相关者的需求和期望

确认利益相关者目标声明中，一种实用技术被称作"时间机器愿景"。在这种"回到未来"场景下，架构师和战略规划者设想他们所设定的未来所有结果已经实现，且按照预期顺利进行。"时间机器愿景"涉及假设每类利益相关者将表达什么看法，或理想情况下希望他们表述什么。这些预设的陈述应作为代表客户和其他利益相关者的声音。通过这种方式,实质上建立了与利益相关者的沟通纽带。

使用"时间机器愿景"技术及其他类似方法,可以定义价值标准,并使各方明确聚焦倡议的核心目标,这些标准将成为指导所有设计决策的准则。虽然不能确保所有利益相关者都对所设定的愿景和目标感到满意,但作为商业活动,他们必须做出选择。因此,将愿景和目标声明的书面化也是一种良好的做法,类似于对利益相关者的正式承诺。

事实上,这些申明或陈述常以"由于企业转型计划的成功,现在我们可以宣称实现了……"等句式开头。该方法也适用于审视单个流程的利益相关者目标。

各类利益相关者具有不同的需求和期望。例如,股东可能更关心财务回报、企业增长和社会责任;员工会关注薪酬水平、个人成长和企业文化;监管机构着眼于安全、法规遵从和风险管理。客户作为企业关键的利益相关者,他们在乎产品和服务的质量、成本以及交付过程,而交付过程正是实现价值交付的核心,即价值流和流程。流程不仅定义了业务本身,还阐述了如何交付优质结果。通过细化和实施组织的流程,尤其是价值流,企业更能将利益相关者的需求和期望转化为实际的价值。

利益相关者目标声明在确定绩效指标上扮演了基础性的角色,它们使得监控利益相关者的期望是否得到满足及其进展情况成为可能。这些目标量化了价值创造,从利益相关者与组织的焦点角度出发,并将成为战略意图中的关键绩效指标(KPI),图 1-7 为利益相关者与流程示意图。

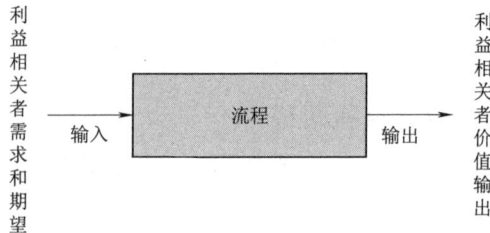

图 1-7　利益相关者与流程

为了实现预期目标,利益相关者与组织双方都必须从各自的交互关系中提取价值,结合有效性、效率和适应性,以避免次优的发生。仅依赖一个关键绩效指标是远远不够的,需要从多个层面建立利益相关者的目标声明,这些层面反映了组织追求的 KPI 目标值。这些目标既可以与"时间机器愿景"中设定的时间点一致,也可以设定中途的时间节点,作为沿途需实现的里程碑:流程绩效设置。这些 KPI 和流程绩效可纳入平衡计分卡体系。

三、利益相关者的成果定义

客户和消费者本无须关注组织内部的运作,实际上外部利益相关者亦是如此。他们更看重自己获得的产品或服务质量以及受到的待遇。有许多方法可以让利益相关者变得有能力和动力,采取战略一致性和流程能力管理的做法变得至关重要。这些管理策略已经存在一段时间,并日益得到认可,尤其是在经济压力大或竞争激烈的环境中。

精益管理及其先驱如改善(kaizen)和价值分析,刻画了对"浪费"概念的理解基础,以客户价值为中心,通过评估所有流程活动,努力清除浪费或消除那些不添加价值的工作环节。迈克尔·波特提出的价值链概念,通过分析所有关键流程环节的优化情况,以确保整个组织而非仅是生产或废料处理部分的效率。平衡计分卡的创立者罗伯特·卡普兰和戴维·诺顿强调组织协同是关键管理流程,促成了企业、业务单元、支撑部门、外部合作伙伴及董事会与公司战略的一体化,并提出了"战略测量系统"这一有力价值主张模型,协助组织在市场上突显其统治风范和思维模式。

如果采纳以客户为中心的方法,则上述所有管理方法均反映一种将"目标"置于"手段"之上的理念。值得庆幸的是,越来越多的组织开始更加重视战略一致性和流程管理。理解和管理利益相关者的需求及期望如图 1-8 所示,涉及以下几个方面:

- 识别利益相关者所参与的流程,即产品、服务或信息的交换;
- 明确每个利益相关者的需求和期望,也就是流程中理想的价值输出;
- 测量每个利益相关者价值输出的绩效,例如采用 KPI,并基于这些数据进行必要的绩效改进；

- 明确达成利益相关者需求、期望和 KPI 所需的关键成功因素。

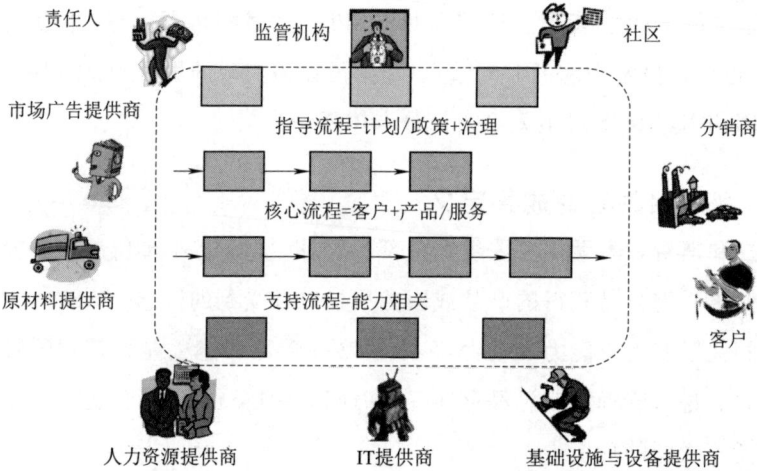

图 1-8　利益相关者的需求及期望

　　理想的流程输出是针对利益相关者需求和期望的具体定义。将利益相关者需求管理转换为流程管理的语言，则包括以下步骤：识别涉及流程的外部利益相关者，辨识接收流程输出的下游客户，确定流程的最佳结果，根据流程的目的和预期成果来形式化流程定义。需要明确的内容包括：如何有效完成流程，流程将在何处执行，所需资源有哪些，何时完成相关任务。

　　那么，如何对流程输出的结果进行测量呢？以流程为核心的传统观点将绩效评价划分为四个方面：效果、效率、质量和灵活适应性。例如，产品和服务的适宜性、客户满意度、市场份额评价属于效果类指标；成本、周期时间、增值比率则属于效率类评价；一致性和错误率是质量类指标；变更成本、服务灵敏度则用于衡量灵活适应性。流程测量必须能够追溯到关联的利益相关者结果，平衡计分卡便是一个在业界验证有效的工具，它通过垂直组织连接和横向流程联系两个纬度，实现目标分解和映射。详细内容参见第九章。

　　除了流程绩效和利益相关者的关联外，价值链、价值流和流程优先级工具也是极佳的分析工具。

价值链可以揭示什么呢？它不仅能帮助分析外部机会和威胁，还能支撑企业战略，保障价值的创造、交付和捕获，确定利益相关者的需求和期望，以及如何对这些需求和期望进行评估。价值流的重要功能是辅助理解组织策略。可以确定当前绩效缺口所在，哪些流程直接关联价值流，这些流程间的相互作用是如何的，流程输出是否达到目标，以及如何测量这些输出。通过识别战略目标、流程目标与利益相关者个人期望之间的差距，创新机会便显露出来。

流程优先级分析是一个系统化的分析方法和工具，同样适用于识别流程改进和优化的优先顺序。它取决于利益相关者的反馈和知识，涉及决策哪些流程在实现组织整体战略或北极星战略中贡献度最高，以及当前这些关键流程在达成北极星战略目标中的具体绩效缺口。此外，这项分析工作需要与年度组合管理和预算规划相协调。有关详细信息，可查阅第六章内容。

第三节　流程价值

一、价值层级

在多数组织中，决策通常分布于战略规划、战术管理以及业务运营三个层面。管理层在制定决策时，所涉及的时间跨度和详细程度各有差异。这些管理层次通过信息流相互连接，形成一个连贯的体系。

具体而言，领导层主要负责战略决策，他们通过制订计划和预算来控制下级部门的活动。随着层级的下移，各级代理人的决策权逐渐受限。另一方面，从基层开始，控制信息以报告的形式向上级传递，且随着层级的上升，报告的详细程度逐渐增加。

然而，随着员工专业化程度的提高，领导层对各个领域的了解变得相对有限。这一现象促使许多组织开始考虑重构管理方式。目前，流程驱动的运营结构逐渐成为主流。当流程和任务与公司的首要目标紧密相连时，它们能够为公司的管理决策带来巨大的益处。

因此，实现图 1-9 所示的战略规划、转型实施以及业务运营等不同层面和流程的有效关联，有望在一定程度上解决由层级结构和专业性带来的组织问题。通过这种方式，组织可以更加高效地运作，实现资源的优化配置和决策的科学化。

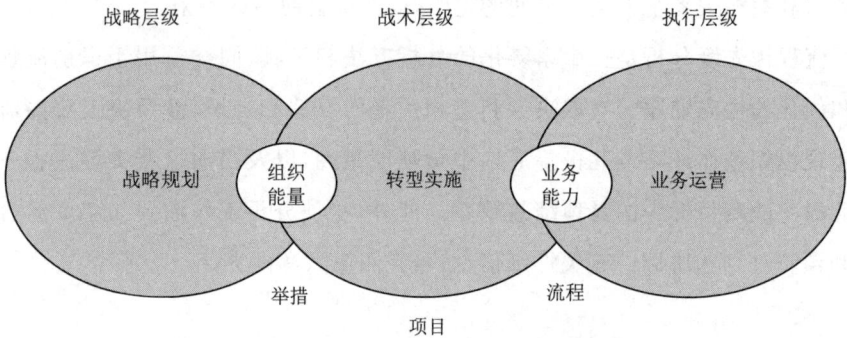

图 1-9　价值三层面的关联

战略执行本质上是业务运营，涉及根据既定运营规划开展主要与支持活动，并随之启动绩效评估。战略绩效管理通过深入分析关键绩效指标，在战略层面对成果进行评估，以确保组织沿着正确轨道前进或在必要时采取纠正措施。构建一个有效的绩效管理系统需要全面管理各层面的绩效，确保每个层级的适当措施、目标和指标与更高层级的目标紧密衔接。此外，系统还需将目标设定、绩效跟踪、故障排除、纠正措施与绩效改进和奖励机制相结合。有效的绩效管理系统不仅能记录实际绩效，还能将其与预设目标进行比对。这样的系统有助于在组织各层面灌输透明度、问责制、授权和团队协作的理念。

在战略执行的过程中，有多种方法和工具可供选择，例如广受欢迎的流程管理、精益管理、精益六西格玛、全面质量管理等。这些工具和方法的运用，有助于组织在战略执行过程中实现更高的效率和更好的成果。

卓越运营是一种追求卓越的文化心态，包含一系列原则和工具，旨在创建组织内部的卓越文化。实现卓越运营需要掌握持续改进的方法和技术,并基于优化和精简的端到端产品供应和基本服务流程,最大限度地减少成本和浪费。它强调标准化、简化、严格控制和集中规划的运营方式,同时专注于集成、可靠、高速交易和遵守规范的管理系统。在这种文化中,浪费被厌恶,效率受到奖励。卓越运营的组织能够提供市场上无与伦比的质量、价格和易购性组合,这是持续过程改进的结果,也是将运营作为关键最终目标的体现。然而,尽管卓越运营对组织的长期成功至关重要,但它本身并不是长期优势的唯一来源。

持续改进是一种不断重新检查和改进产品、服务或流程的实践。它涵盖组织的核心、支持和管理流程,并通过增量改进和"突破性"改进来实现。持续改进旨在提高效率、有效性和灵活性,从而创造更大的组织价值。在持续改进的实践中,业务流程管理是一种普遍采用的方法。它被视为一种整体业务运营和分析的工具方法,每个业务流程都遵循生命周期方法,包括设计、建模、执行、监控和控制以及流程的改进。

业务流程管理的最终目标是实现战略目标,并增强业务流程的效率、有效性、适应性和控制,为客户、利益相关者和组织本身创造价值。它是一种强调业务流程执行的运营方法,也是一种结构化的方法。

管理流程既是一种方法,也是一种技术。作为方法,它涵盖如何识别、定义、优化、监控和持续改进的流程,确保业务流程能够提供有效的业务设计和执行结果。作为技术,管理流程将人员、流程、数据和信息系统紧密联系起来,使工作能够更高效、更有效和更准确地完成,从而提高绩效并带来更好的业务成果、更低的成本和更满意的客户。流程可以随着时间的推移不断改进业务成果。通过流程优化,组织可以消除临时性、问题驱动的管理做法,转变为以客户为导向的流程改进来优化业务运营,以提供更好的产品和服务。

在成熟的组织内部,流程可能会整合众多软件系统。事实上,为了提高效率和简化操作,集成不同的软件系统通常是必不可少的。通过将不同的软件系统连接起来,组织能够实现任务自动化、数据共享并协调不同部门、团队或与其他企业之间的活动,终极目标是提升整体生产力和运作效率。

在当今时代,数字化转型能够实现流程与数字化组织和战略紧密相连。尽管流程的数字影响力仍然常被低估,但现代流程管理工具提供了令人惊叹的技术能力。流程挖掘技术能够自动处理流程数据,揭示流程数据的秘密。通过将操作性 IT 解决方案与流程工具相结合,可以发现诸如重复容量、周期过长和工作流切换时间短等操作问题。例如,有机场利用流程挖掘技术,根据行李标签扫描数据,分析从办理登机手续到存放行李的整个过程,从而获取对瓶颈和根本原因的宝贵见解。

近年来,企业已经逐渐认识到流程以价值为导向的重要性,尽管对其的关注度有所提升,但在具体执行层面仍存在诸多不足。流程的价值导向,着重强调其作为推动组织变革和创造价值的管理手段的角色。它要求流程与组织的战略任务和目标保持高度一致,并重点关注流程的透明度,因为这种透明度有助于价值的生成。同时,流程的价值导向也突出了价值创造可以通过多种机制来实现,而这些机制的选择应与组织的战略目标相契合。例如,提高效率、确保法规遵从性、与业务合作伙伴建立网络以及提高组织的敏捷性等。尽管这一原则在理论上显而易见,但在实际操作中却常被忽视。

流程的价值实现是通过流程的设计、识别、监控和优化来实现业务战略。如果在实际业务价值的背景下,没有采用正确的流程方法和制订高价值的流程改进计划,那么流程管理将无法充分释放或发挥其全部潜力。正如彼得·德鲁克所强调的,企业必须将价值创造的目光投向外部,同样,流程的价值最终也必须聚焦客户、价值和产出。真正的流程往往是跨职能的,其改进或转型需要多个部门的协同合作。组织部门结构存在的本质并非为了服务客户,而是为了维护内部秩序。然而,对于客户而言,内部结构的复杂性不但无益,反而构成了障碍。虽然组织结构常见垂直架构,但它们提供的服务需要横向布局。如此,关键问题在于:如何管理这种矩阵式组织? 如何改善价值流和流程? 通过何种方法和工具来进行分析、决策、行动和转变? 同时,如何在流程中考虑到客户的需求和目标? 这些疑问正是流程管理所要解决的。

二、流程设计

流程定义了业务本身,并指导如何交付更佳的业务成果。流程包括多项步骤、资源和人员,以确保协同工作和有效运行,为客户或利益相关者创造价值。流程不局限于组织内部,它通常也涉及与其他公司、供应商、客户、合作伙伴和其他外部利益相关者的沟通与合作。流程对于维护稳固的客户关系、协调内部行动以及确保不同参与方之间顺畅的交易或信息交流至关重要。这些相互作用有助于组织优化运营、降低成本,进而更有效地服务客户。

流程详细阐述了利用企业所有资源,为客户及利益相关者创造价值所需执行的一连串相互关联或相互作用的业务活动。它是动态的,协调人员、系统、信息及事务。具体而言,流程将物质和信息的输入转化为输出,从而产生有助于业务战略的业务成果,通过满足利益相关者的需求和期望创造价值。流程由重复执行、逻辑上相互关联的业务活动序列组成,将明确的输入转化为明确的输出,实现为客户创造价值(包括产品和服务)的目标。显然,该定义强调事务性管理而非人员管理,并着重于流程的序列性。

以在线销售过程中的"订单履行流程"为例,阐释为以下关键阶段:

- 客户在公司网站提交订单;
- 订单信息被录入订单管理系统;
- 仓库团队接到新订单的通知;
- 仓库工作人员选取库存中的商品进行打包;
- 打包完成的商品交由物流合作伙伴;
- 物流合作伙伴负责将商品送达客户;
- 客户收到商品并确认收货后,订单状态更新为已完成。

该流程示例展示了从电子商务到仓库和运输的一系列协调任务,涉及多个团队与订单管理系统共同努力,以实现交付商品给客户的清晰目标。

流程对于管理和构建工作方式、分配资源、协调人员与团队,以及确保产品或服务有效交付至关重要。没有明确的流程,公司几乎不可能运作,因此它是实现公司目标的基础活动。若缺乏适当的流程,公司将面对无序、低效且难以实现预期结果或维持竞争力的局面。

　　流程通过对业务的明确建模,支持组织管理的有效改进,旨在实现设定的运营目标。从战略角度出发,结合内部管理与外部环境的驱动因素,BP Trends 组织将流程的组成要素详细划分为:业务驱动、业务价值、业务范围、业务活动和业务资源。这些要素的有机整合保障了业务流程的顺畅运作,以达成既定目标,如图 1-10 所示。

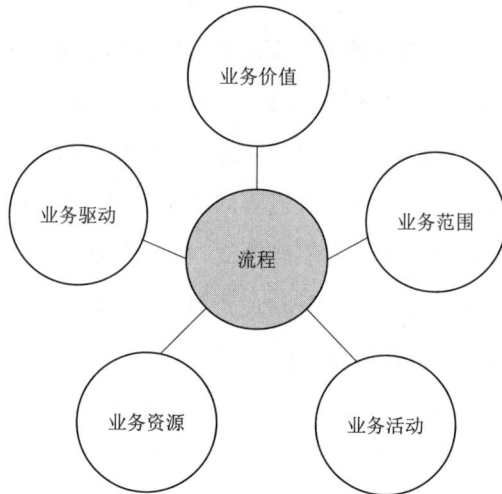

图 1-10　流程的组成要素

　　在业务驱动方面,流程的目标须与公司战略目标保持一致,存在的意义在于支持企业的战略和目标。流程由组织的价值观和原则引领,在业务愿景、使命、战略以及目标的指导下运作。这种导向可能是正式或非正式的。流程应采用组织政策和业务规则指导决策,尤其要强调人力资源政策和规则的形成须与流程保持一致,既有助于增强或引导流程产出价值,又有助于流程的稳定运作和实施,这一切都需要企业文化的支撑。

　　业务价值的目的在于通过有形的产品或服务输出来为客户及其他利益相关者创造价值,满足他们的需求与期望。为了实现这一目标,价值的创造需通过一个或多个流程绩效指标进行量化。每项活动的业务绩效作为整个流程绩效的组成部分,必须通过适当的方法进行准确追踪和监控。

　　为评估流程的有效性并识别改进的潜在机会,必须在特定时间点对流程绩效进行测量与评估。在此过程中,考虑到不同业务部门和地点可能产生的影响至关重要。这种评估不仅有助于保持流程的质量与一致性,还能促进组织的持续改进和发展。

　　图 1-11 展示了业务流程如何在组织结构中促进业务价值的流动与转化。通过可视化这些信息,赋能相关决策者理解和优化业务流程,以更好地实现组织的战略目标。

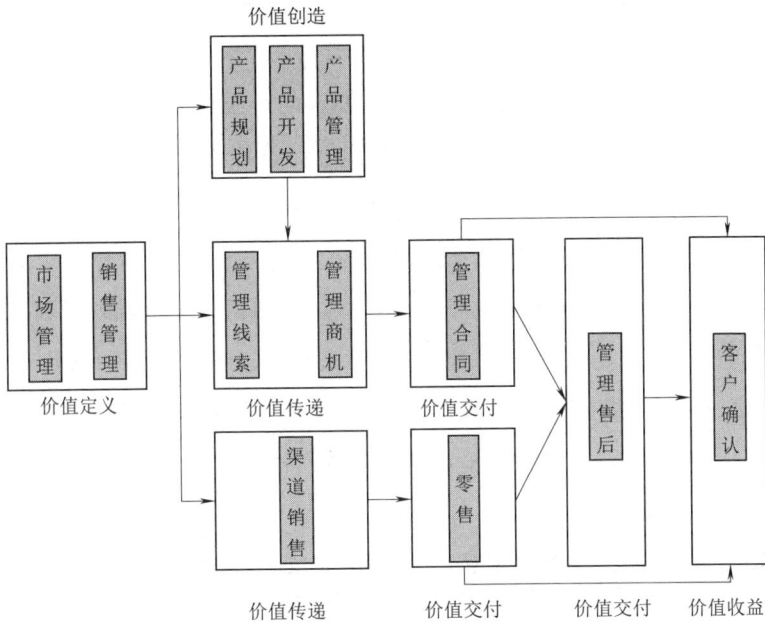

图 1-11　业务价值流转示例

　　业务范围:流程在业务上下游中运作,需定义清晰的组织边界。它接收来自外部客户与利益相关者的输入或其他业务流程的输入,输出物质实体或有价值的信息。流程通常在业务结果需求得到满足或业务决策完成,为预期结果的实现而终结。这些流程由起点(start point)和终点(end point)明确界定。

业务活动:流程由一系列业务活动构成,其中包括可能拥有子活动的业务活动。这些业务活动在流程中可以是高度结构化且重复性的,或具有高度变异性的灵活结构。作为流程的基本单元,业务活动具备明确的输入、输出和责任角色。

业务资源:流程的执行依赖于业务单元的协作,以及人力资源、技术和物理资产等资源的支持。相关岗位应明确定义角色和责任,使人力资源可指导执行者开展工作。在录用时,确保人员适应流程工作能力要求,以保证满足优秀绩效的需求。同时,信息技术资源应促进技术方面的业务工作,通过信息系统实现工作的系统化,或配备自动化设备执行。这些信息系统或仪器设备须支持物理工作的需求。

下面从更具体执行的角度定义了流程要素的组成部分。

流程客户和价值:流程旨在为客户及其他利益相关者创造价值。此价值通过对产品或服务的有效性和满足客户需求而实现。

流程输入:启动或执行流程所需的资源、信息或材料。输入可能是实体形态,如原材料和设备,也可能是抽象形态,如数据、知识或某个特定时刻。

流程输出:流程完成后产出的成果或可交付物。输出既可以成为下一流程的输入,也可以直接提供给客户或利益相关者,形式包括产品、服务或信息。

活动:一系列将输入转化为输出的步骤或操作。这些活动既可为手动执行,亦可采用自动化方式。

活动流:活动的次序及其相互依存关系,定义了活动的执行顺序及彼此之间的联系。

角色:在流程中负责各项活动的个人、团队或部门。明确的角色和责任划分有助于实施问责制和有效地分配任务。

绩效指标:衡量流程有效性和效率的量化或定性指标。这些标准有助于组织监控进展,指出改进所需的领域,追踪流程改进计划的成效。

规则和政策:指导方针、程序或标准,指明活动应如何执行。这些规则和政策可能根植于组织的总体方针、具体部门的制度,或遵循强制性的法律法规。

控制点:确保流程得以正确、一致性执行的机制,例如质量检查、审批或审计过程。

技术和工具:用于自动化活动的信息系统、工具和平台。

业务场景:流程适用的特定业务环境,描绘出流程所发生的时间、地点及其他条件,例如特定区域、客户群体或产品类型。

尽管组织通常将流程以最佳实践的形式记录下来,但并非所有流程都经过文档化,尤其是在规模较小或创业初期的公司。在这些情境下,公司可能依赖于非正式的惯例或员工之间的共识来进行业务活动。随着组织的增长和人员变动,非正式流程可能带来挑战,包括执行不一致、沟通不畅等导致运营质量下降。因此,流程的正式化、文档化为组织带来多方面好处,包括:

- 清晰理解:确保员工明了各自的角色和责任,统一任务执行;
- 培训和入职:简化新员工培训流程,介绍组织标准操作程序;
- 流程改进:便于发现效率低下或出现瓶颈,以驱动决策优化运营;
- 合规性:帮助符合法规要求,维持质量标准,遵循行业最佳实践;
- 可扩展性:为扩大业务和融入新团队成员提供坚实基础,支持组织成长。

可能有人认为流程文档枯燥无味,然而文档化流程的益处远超过一份简单的静态文件。以乐高公司为例,那里的流程文档被认为是极其宝贵的知识库,具有独特的价值,指导和协助业务价值的实现。管理层指出,在接下来的几年内,将会有数千名新员工加入乐高集团,而数百名经验丰富的员工也会离开。面对这样的人员更替,确保知识的延续成为挑战:如果仅有一人知晓如何处理特定任务却突然离职,那么问题该如何解决?在此,流程文档成了保障知识传承的关键,就像将 U 盘插入专家的大脑,下载他们的知识和经验。一旦知识被记录,就能以有序的形式分享。没有文档化的流程往往导致新员工在探索完成任务的方法时遭遇困难,自行填补知识空白或定义流程,进而影响工作效能和增加挫败感。没有文件记录,流程的执行也容易出现差异,导致技术不统一、成本波动、时间延长等各种结果差异。乐高认可记录流程的三个关键原因如下:

- 知识获取;

- 知识的结构化分享；

- 为流程优化奠定基础。

综上所述，虽然流程并不总是正式文档化，但强烈推荐这样做，以确保业务流程在组织发展时保持一致性、效率和可扩展性。

三、流程分类

组织运作依赖于众多流程的协同执行，对这些流程进行分类，有助于明确它们对组织战略目标的贡献和定位。一种有效的分类方法是将流程划分为核心流程、支持流程和管理流程，如图 1-12 所示。

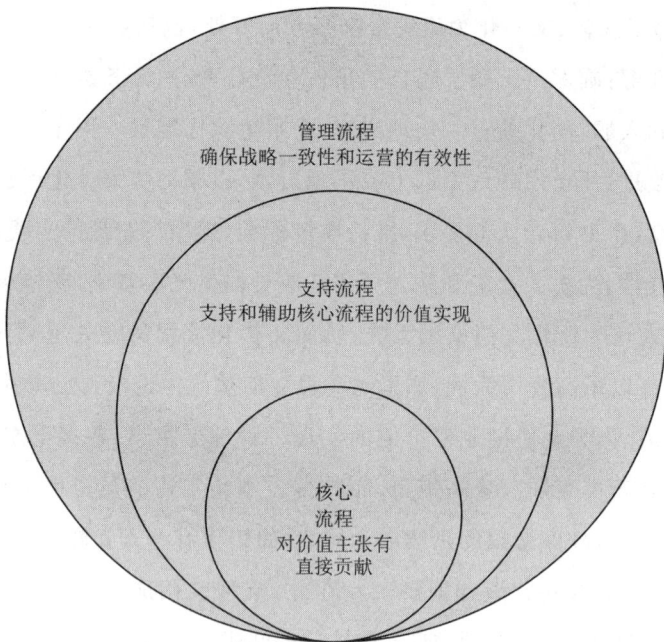

图 1-12　业务流程分类

核心流程，作为直接向外部客户提供价值的端到端跨职能流程，有时也被称为运营类流程。这些流程被视为"关键"流程，因为它们承载着组织实现目标、完成使命和践行愿景的基本活动。它们构成价值链，这是一组高层且相互依存的核心流程集合，每一环节都为产品或服务增值。通过这一价值链，组织创造并提供产品或服务,最终将价值传递给客户。因此,核心流程对提升组织价值至关重要,它们定义了组织的核心竞争力,是其在市场中获得竞争优势的基石。这些流程往往因企业而异,反映出各自的使命、目标和行业特性。

高效的核心流程使组织能够保持竞争优势,实现持续增长和盈利。它们通常涵盖关键业务领域,如产品开发、制造、营销、销售和客户服务等。以制药公司为例,其核心流程在药物发现、开发、制造和分销给患者的过程中起着至关重要的作用。以下是该背景下核心流程的具体分解:

- 研发:制药公司进行研究以确定新的候选药物,并进行临床前测试,以评估其安全性和有效性。
- 临床试验:一旦候选药物通过临床前测试,公司将继续进行临床试验,在人体上测试该药物,以进一步确认其安全性、有效性和最佳剂量。
- 监管批准:公司向相关监管机构提交必要文件,以寻求药品上市和销售的正式批准。
- 生产:获得批准后,公司开始大规模生产药物,同时确保严格遵循质量控制和安全标准。
- 分销:公司将药物分销给医疗保健提供者、药店和其他分销渠道,以确保药物能够及时送达患者手中。
- 营销和销售:公司通过向医疗保健专业人员和患者推广其产品,提高市场认知度并刺激对药物的需求。

在这个案例中,制药公司的核心流程对其主要使命:研发并向患者提供救生药物,起到了直接推动作用。这些流程构成了公司成功的基石,也是其与竞争对手区别的关键。

核心流程通常会在职能部门间流动,有时甚至会在企业间流动。它们涵盖了产品或服务的研发、向客户的营销与交付以及售后支持。对于零售公司,核心流程可能包括接收订单并生产产品,对于服务公司则可能涉及转化潜在客户并按时提供服务。作为价值链的驱动,核心流程需要各部门间的无缝协作,以实现真正的客户价值。

无论组织规模大小,其核心流程的数量通常都维持在 4～8 个。一个组织能否明确识别并有效管理其核心流程,直接体现了其战略能力。核心流程具有重大的战略意义,对组织的成功起到至关重要的作用。当核心流程得到高效执行时,能够提供卓越的服务;然而,如果这些流程失效、效率低下或管理不当则可能成为重大的战略弱点。核心流程本质上是可操作的,它们通过以产品、服务、支持或信息的形式直接向外部关键客户提供组织的产出和价值来实现服务交付。通常情况下,核心流程并不负责管理或提供内部服务。

与此同时,支持流程通过为核心流程提供所需的资源和基础设施来辅助实现其价值。与核心流程的主要区别在于,支持流程是为内部客户增加价值,而并非直接向外部客户提供价值。它们是提供内部能力的流程,虽然不直接与外部客户互动,但对于组织提供必需的产品或服务的能力起到支撑作用。例如,提供信息技术、财务和人力资源服务等都属于支持流程的范畴。这些流程中的每一个都可能涵盖资源交付的整个生命周期,并且通常与组织的职能领域相关联,有时甚至跨越职能边界。尽管支持流程不直接为客户提供价值,但这并不意味着它们对组织的重要性有所降低。相反,支持流程对组织同样至关重要,因为它们直接影响到组织有效执行核心流程的能力。

例如,在软件开发公司中,核心流程涵盖产品设计、编码、测试以及部署等关键活动。尽管人力资源管理并不直接涉足软件产品的开发环节,但其在公司成功道路上扮演着不可或缺的支持角色。以下是针对这一背景下,人力资源管理支持流程的一些细分项:

- 招聘流程:人力资源部门负责识别职位空缺,精心撰写职位描述,并发布招聘广告以吸引符合条件的候选人。人力部门严谨筛选申请材料,组织面试,并最终甄选出适合公司需求的人才来填补空缺职位。

- 入职流程:新员工加入后,人力资源团队为其提供全方位的指导和培训,确保他们掌握所需工具和资源,顺利融入公司文化,从而实现平稳高效的入职过程。

- 绩效管理流程:人力资源部通过设定明确目标、定期绩效评估、及时反馈

以及指出员工需要改进或成长的领域,来全面监督和管理员工的绩效
表现。

- 培训与发展流程:人力资源部致力于识别技能差距,策划并组织系统的培
  训和发展计划,助力员工提升专业技能,把握行业动态,并在公司内部实
  现职业发展。

- 薪酬与福利流程:人力资源部负责构建和管理全面且具有竞争力的薪酬
  体系,包括工资、奖金和津贴等各个方面,同时确保这些方案符合行业基
  准和公司政策。

- 员工关系流程:人力资源团队致力于构建和维护积极健康的员工关系,通
  过有效解决员工问题、调解冲突以及培育正面的公司文化,为员工营造一
  个和谐的工作环境。

在本例中,人力资源部门在软件开发公司中所执行的支持流程对于吸引、留
住和培养优秀员工具有举足轻重的意义。这些流程使公司能够高效执行其核心
流程,并最终交付出卓越的软件产品。

管理流程旨在规划、衡量、监控和调控组织的业务活动,确保核心或支持流
程符合运营、财务、监管和法律方面的各项要求。这样做不仅保障了战略的一致
性、运营的效率,还有助于组织实现其既定的业务目标。这些流程在组织内部发
挥着至关重要的作用,它们帮助组织确立并维持清晰的发展方向,有效地分配各
种资源,严密地监督核心流程和支持流程的实施效果。具体而言,管理流程通常
涵盖了战略的制定、绩效的监督、质量的把控以及潜在风险的管理等多个方面。
尽管管理流程并不直接为客户创造价值,但它们是确保组织平稳、高效运作的不
可或缺的要素。

以零售公司为例,战略规划便是一个关键的管理流程,对于确定组织的发展
方向、调整资源配置以及确保长期成功具有重要意义。以下是零售公司在战略
规划过程中所涉及的一些关键步骤的详细解析:

- 环境扫描:公司会对外部环境进行全面的分析,包括市场的发展趋势、客
  户的偏好变化以及竞争对手的动态等。同时,内部环境如组织的能力、优

势与劣势等也是分析的重点。

- 愿景与使命：基于对环境深入的分析，公司会进一步明确或重新审视自身的愿景和使命，以此为指引来制定决策和设定目标。
- 目标设定：公司会依据其愿景和使命来制定一系列明确、可量化、可实现、相关且具有时限性的目标，如增加收入、扩大市场份额或提高客户满意度等。
- 战略制定：为了实现这些目标，公司会精心制定各项战略，考虑包括市场定位、产品组合、定价策略以及促销活动等在内的诸多因素。
- 资源分配：在战略明确后，公司会合理地分配各种资源，包括资金、劳动力和技术能力等，以确保所选战略能够得到有效执行。
- 战略实施：公司会将战略转化为各部门的具体任务和行动方案，并确保核心和支持流程与战略计划保持高度一致。
- 监控与评估：在实施过程中，公司会持续关注目标的进展情况，评估战略的有效性，并根据实际情况及时调整计划以应对变化或挑战。

在这个例子中，战略规划流程作为一个关键的管理流程，确保了零售公司能够做出明智的决策、有效地部署资源，并灵活适应不断变化的商业环境。这一过程不仅有助于公司聚焦其长期目标，还能有效地管理其核心和支持流程。

流程分类对于构建有效的流程框架至关重要。流程框架是对组织中各类流程结构的全面描述，它按照不同的类别和详细程度对流程进行定义和分类。将流程框架与流程分类相结合，是成功实施业务流程管理计划的重要起点。

流程框架是对组织价值驱动的业务流程进行高层次抽象的结果，它构成了流程的顶层结构。一个定义清晰的企业流程框架不仅能够明确展现组织内主要的核心流程，还能描绘出特定的价值链，捕捉到支持这一价值链的各种辅助流程，如财务管理、人力资本管理或 IT 服务等。值得注意的是，一个精心设计的流程框架并非简单复制组织结构，而是提供了对流程的高级可视图和补充解释。同时，它还作为主要的流程概览，为更深入的流程分析和建模工作提供了出发点。

四、流程优化

流程管理引入企业的主要诉求是众所周知的流程优化。这可以带来效率的提升、成本的降低、风险的控制以及差异的改善等。这些优化目标必须与战略目标保持一致，以最终为客户创造价值。

流程优化是指对企业的业务流程进行持续改进和优化，这包括对流程进行设计、实施和不断改进，以达到最佳效果。流程优化不仅是指做正确的事情，还包括如何正确地做这些事情。所以，可以理解为流程优化是以企业价值创造为核心、以关注企业核心竞争力打造为主线、以提升客户满意度为目标的流程体系再造和升级。

流程优化过程中使用了大量改进技术工具，几乎涵盖了所有可能的工具和技术领域。在这些技术的推动下，除了持续改进外，给企业带来了更高级别的价值。例如，涉及改变组织本质的商业模式转型，使事情做得更快、更好、更便宜的运营模式转型，或者研发和提供数字化产品和服务的转型。目前，数字化转型已成为大趋势，技术的演变正影响着所有流程。对于执行者而言，受部分计算机化和流程沟通习惯的影响，组织、人、技术的排列和平衡正在被永久性地改变，流程优化已经在转向更剧烈的流程重塑。

经常有人会问：流程优化的价值怎么去衡量？

针对做对的事情，流程优化的优先级选取是极其重要的事情，它和战略及流程规划相关。企业的资源永远是稀缺且珍贵的，将企业的财力、物力和人力等资源投入到哪些流程改进项目中才能获得最大的价值收益？答案是选择那些和战略目标强相关的流程。有研究机构的数据表明，企业中只有20％的流程和战略目标达成是强相关的，例如订单履行流程、产品开发流程等。这些流程是连接战略和执行的重要桥梁，是实现业务战略的关键流程，选择对这些流程的优化是"值得的"，对企业是有价值的。所以并不是所有流程的优化都可以带来一样的价值，并不是所有的流程优化都需要投入一样的资源，识别、定义那些和战略相关的高影响流程是流程规划的价值体现。

传统的一个好流程的评价标准是：正确、便宜、快速、简单。流程目前运行是否存在不顺畅的情况？流程太慢、太贵、不准时、有缺陷，或只提供错误的结果？如何系统化地识别流程中的浪费？如何正确实施流程优化？在这个过程中，对现有工作流程进行梳理、完善和改进是非常重要的。在流程优化实施层级的价值是很容易体现的，通过在单支流程中简单消除或排除几个活动，又或者是针对信息系统的改造或上线，实现流程的自动化，进而计算出节省了多少时间和成本，这些都是流程优化价值的体现。

可以进一步阐述流程优化的价值，在开展流程优化时，企业应立足整体业务价值链，从端到端的角度探究流程问题与瓶颈，这样才不会出现"头痛医头、脚痛医脚"的现象，毕竟企业是一个有机的统一体，不能割裂来看。所以，流程问题也不能割裂来看。流程优化的问题识别可以从端到端的角度，和价值流程关联起来，就可以带来更大的价值。可以重新定义一个流程优化的标准，除了正确、便宜、快速和简单，还应该有全局观和端到端的视角，实现流程优化从流程层级到企业层级价值的整合。

第二章

战略一致性设计

战略一致性，即确保组织的各个部门、团队和资源得到妥善配置并协同努力以实现既定战略或目标的过程，是通过组织转型和变革来实现的。这一过程中，组织的使命、愿景和运营活动与其最具战略意义的目标保持高度一致，确保每位成员都明确公司在实现目标方面的方向和作用。战略一致性的实现不仅有助于改善沟通、提高效率、促进更优决策，还能显著提升实现目标的可能性。

第一节　实现战略一致性

一、战略一致性

战略一致性在内部和外部两个层面均有所体现。在内部层面，所有资源，包括人力资源、资本、结构和技术，都需以支持战略实现的方式进行开发和分配；同时，内部文化也必须与战略相契合。在外部层面，所有外部力量，如供需关系、品牌知名度、第三方供应商及供应商协议等，均需与战略保持一致。

要实现内部一致性，组织需同时具备纵向和横向一致性。纵向一致性表现为从董事会、高管、中层管理者到一线员工对战略的共同理解和支持；横向一致性则体现为各业务部门，无论总部还是区域部门，在战略及其执行过程中的一致性。

战略一致性确保组织的业务战略与其相关组成部分及战略执行能力的高度协调。当所有核心元素都正确对齐并相互作用时，一个明确定义的战略就能得到有效执行，并随着外部因素的变化而灵活调整和发展。需要强调的是，战略一致性并非一次性活动，而是一个持续的过程。随着内部或外部因素的变化，战略可能需要调整，相应部门和资源也必须进行适应性调整。定期沟通、审查和调整是保持战略一致性的关键。

根据战略领导力教授罗恩·迈耶罗的观点，战略一致性包含市场体系、业务体系和组织体系三大要素。这三个体系各自拥有内部组成部分，并像一个整体的有机体一样运作。所有变量都必须同步和谐地工作，当某一领域发生变化时，其他领域会相应来适应，共同朝着战略的最终目标前进。

市场体系涵盖了买卖双方互动的各个方面，重点关注目标客户的选择。由于每个细分市场都有不同的需求、竞争对手和供应商，因此确定组织能够高效地达到目标市场是市场定位的核心选择。

业务体系专注于开发和提供客户需要和重视的价值。组织投入的资源必须转化为具有吸引力的产出。这包括：明确的价值主张，如产品或服务的吸引力所在；运营活动，即创造价值主张并确保其为人所知和理解的过程；资源基础，包括有形和无形资源，如建筑物、机器、材料、金钱、知识、技能、人际等。

组织体系是由分配了任务并在特定角色中工作的人们组成的。一个积极的文化对于发展成为一个良好的组织体系至关重要，这包括明确具体角色和协作关系以及培养生产力。

综上所述，战略一致性涉及业务的多个方面，包括业务和 IT 一致性、人员一致性、流程一致性和财务一致性等。这些方面的协同作用确保了组织能够有效地实现其既定战略和目标。

二、业务和 IT 一致性

业务和 IT 的一致性，作为一种动态的协调状态，使得组织能够高效地运用 IT 手段实现业务目标，进而提升财务绩效或市场竞争力。不同的组织在关注点上可能有所侧重：有的注重结果，比如利用 IT 增加利润；有的更看重行动，即确保 IT 与业务目标步调一致。无论如何,业务和 IT 的一致性都确保了对项目和目标的有力支持,推动整体业务战略的实施。在数字化时代,这种一致性对于组织的高效运营和满足客户不断变化的需求显得尤为关键。

业务和 IT 一致性的若干核心组成部分包括:

- 对业务战略的深入理解:IT 部门需要全面把握业务战略和目标,为制定补充并支持更广泛业务战略的 IT 战略提供信息基础。
- 高效的沟通机制:IT 部门与其他业务部门之间的定期、有效沟通是确保 IT 项目与业务目标保持一致的关键。
- 参与战略规划:IT 领导者应参与组织最高级别的战略规划,确保 IT 计划从一开始就融入业务战略。
- 平衡创新与稳定性:在保持系统平稳运行的同时,开发新功能以赋予业务竞争优势,实现稳定与创新的平衡。
- 绩效指标的一致性:建立反映 IT 在维护系统方面及在实现战略业务目标方面作用的绩效指标,有助于促进一致性。一旦实现,业务和 IT 的一致性将带来更好的决策,不但可以提高运营效率,还提高了实现战略目标的可能性。它可以让企业更快、更有效地应对不断变化的市场条件、客户需求和新兴机遇,从而提供竞争优势。

三、人员一致性

人员一致性是指确保组织中的每个人都理解组织的战略目标,并朝着该目标努力。它包括建立对公司方向的共同理解,以及每个人的角色如何有助于实现这些目标。人员一致性可以提高员工敬业度和生产力,改善决策、改善协作,提高实现组织战略目标的可能性。例如,一家制造公司的目标是成为可持续实践的行业领导者。为了使员工与这一目标保持一致,公司可以提供有关可持续实践的培训计划,调整工作描述和绩效指标,以包括与可持续性相关的任务和目标,为找到减少公司环境影响方法的团队引入激励措施。

以下是人员一致性的关键组成部分:

- 愿景和目标的清晰性:人员一致性的第一步是确保每个人都理解组织的

愿景和战略目标,这种理解形成了个人一致性努力的基础。

- 角色一致性:员工应了解自己特定角色和职责如何有助于实现战略目标,这包括明确目标、关键绩效指标(KPI),以及绩效如何影响公司的成功。

- 文化一致性:一致的文化意味着组织内提倡和奖励的价值观、信仰和行为支持实现战略目标,一致的文化有助于激励和指导员工的行动。

- 技能一致性:这意味着确保员工具备实现组织战略目标所需的技能和能力,这可能涉及培训和发展计划、招聘实践以及人才管理战略。

- 有效沟通:定期、清晰和双向的沟通对于人员的一致性至关重要,这可能涉及目标进展、反馈机制的更新,以及员工提出问题和提出想法的机会。

- 领导力:领导者在人员协调、设定战略方向、塑造期望行为以及激励和支持团队方面发挥着至关重要的作用。

四、流程一致性

流程一致性包括确保组织内的所有业务流程都经过设计和管理,并以最佳方式支持战略目标的实现。流程一致性的目标是制定正确的流程,以正确的方式执行,以实现预期的战略成果。实现流程一致可以提高运营效率、提高质量,提高实现战略目标的可能性。它有助于确保资源得到有效利用,确保组织的所有部门共同努力实现共同目标。例如,旨在改善患者体验的医疗保健组织可能会审查其现有流程,并确定部门之间沟通的延迟正在影响患者护理。该组织可以通过实施新的、精简的沟通流程,确保及时共享关键患者信息,使流程与战略保持一致。

以下是流程一致性的一些关键组成部分:

- 了解战略目标:要使流程与战略保持一致,首先必须了解组织的战略目标,这种理解为流程一致性提供了基础。

- 流程映射:这涉及识别和理解组织中的当前流程。流程图有助于可视化工作,识别冗余、瓶颈和低效,确定流程对战略目标的支持程度。

- 流程设计和改进:基于对战略目标和流程现状的理解,选择最重要的流程实施变更,这可能涉及重新设计流程、消除不必要的步骤、自动化任务或实施新流程。

- 流程绩效度量:为了确保流程与战略保持一致,衡量其绩效非常重要。关键绩效指标的定义应反映运营效率和对战略目标的贡献,定期监测和审查流程绩效指标有助于随着时间的推移保持战略的一致性。

- 文化和变革管理:流程变革通常需要行为和工作方法的改变,建立一种支持持续改进和有效管理变革的文化对于保持流程一致性至关重要。

- 技术和工具:技术可以支持流程调整,包括了流程建模、流程执行、流程绩效等工具平台,例如机器人流程自动化(RPA)或流程管理系统(BPMS)。

五、财务一致性

财务一致性是指确保组织的财务战略、资源和行动与其战略目标和目的同步。这是关于确保财务决策从预算分配到投资决策支持组织的战略方向。实现财务一致性可以改善决策,提高财务管理的有效性,提高实现战略目标的可能性。它可以帮助确保组织的财政资源被最有效地用于支持战略成功。例如,一家科技初创公司正在制定快速增长市场份额的战略。为了在财务上保持一致,该公司可能会放弃短期盈利能力,在营销和客户获取方面进行大量投资。该公司将根据这一增长战略调整预算、资源分配和绩效指标。

以下是财务调整的一些关键组成部分:

- 了解战略目标:要使财务战略与组织战略保持一致,第一步是了解组织的战略目标,这构成了制定支持这些目标的财务决策的基础。

- 预算编制和资源分配:财务一致性包括以支持战略目标的方式分配预算和资源。这可能意味着在对战略至关重要的某些领域投资更多,而在其他领域投资更少,还可能涉及关于节约成本或提高效率措施的战略决策。

- 投资决策:关于将组织资本投资于何处的决策应考虑战略目标,这可能涉及对与战略相一致的新产品、市场或技术的投资。

- 绩效衡量和管理:财务一致性包括衡量和管理财务绩效,可能涉及与战略目标相关的财务绩效指标,以及考虑战略一致性的定期财务审查。

- 风险管理:财务一致性还包括考虑风险管理中的战略目标,这意味着识别和管理可能影响实现战略目标的财务风险。

- 有效沟通：战略和财务绩效的有效沟通可以支持财务一致性，这有助于确保组织的所有部门都了解财务战略及其如何支持整体战略。

每一位首席执行官或领导者都知道，战略设计再加上卓越的战略实施，是组织可持续发展和繁荣的核心。战略在实施之前几乎没有价值。从战略设计到交付的快速转变至关重要，然而，太多的公司只做了一半，将最好的资源投入战略设计中，将最终交付视为事后考虑。随着公司内部战略从设计转向实施，外部力量不断变化、新的竞争对手出现、经济和监管格局发生变化、客户有了新的需求，造成的结果是战略失败、客户流失、关键人才流失、财务业绩受损。因为在真空中不存在任何战略。

六、战略设计与执行的差距

为了理解为什么许多组织未能弥合战略设计和交付之间的差距，某智库对年收入 10 亿美元或以上的公司的 500 名高管进行一项全球多部门调查。他们的回答证实了实施不足的普遍性：90% 的受访者承认，他们未能实现所有战略目标是因为他们没有很好地实施；53% 的受访者表示，交付能力不足使他们不必要地暴露在竞争对手面前；超过一半的公司表示，正在努力弥补战略制定与日常实施之间的差距。各组织表示，执行力不足是导致战略目标失败的主要原因，高管们都在为如何弥合战略制定和实施之间的差距而苦苦挣扎。

那么，为什么许多企业会存在战略设计与执行之间的差距甚至是脱轨呢？研究报告指出，造成战略不一致的许多因素中一个重要因素是企业领导人没有意识到战略错位的风险。许多高管并不认为他们的企业是相互连接、连贯的价值链。他们的主要关注点往往在组织结构图所阐明的企业结构上，主要运营单元"部门"被视为"价值"的主要组成部分。一致性思维要求所有决策者将企业视为一个价值链，而不是一个易于忘记、不断变化的组织结构图。

没有明确的战略执行"负责人"也是战略不一致的原因。一般来说，没有任何个人或团体在职能上能够负责监督企业的安排，即使是多个人或者虚拟团队负责企业价值链的实施和监督，通常他们也并没有想象的那样亲密合作和紧密相连。个人领导者往往寻求保护和优化自己的领域和组成部分，而不是在整个企业中协调和改进。谁负责确保企业在战略上保持一致？答案不能是"没有人"或"我不知道"。答案也不能是"首席执行官"，因为现代企业太复杂了，组织的设计和管理不能只依靠个人的智慧。

复杂性使企业一致性的协调变得更加困难。实现和保持高度的企业一致性是很困难的，尤其是在快速变化的运营环境中。复杂性通常是由四个主要因素造成的：员工数量、业务线的多样性、不同客户群体的多样性和期望以及地理分布。大型、多元化和地理位置分散的企业，无论在哪个行业竞争，都需要其领导层付出最大的战略努力才能保持一致。

如上列出的问题需要足够的判断力、勇气、时间和精力来回答，但业务日常运营的疯狂活动可能会阻碍深入的讨论和艰难的选择。

这些关于战略的讨论和选择需要定期进行，以领导和维护企业的战略一致性。确保整个企业尽可能保持一致，对于企业领导者来说不应该是对日常工作进度的审视，战略执行不能被误认为是进度管理。应该是关注战略愿景、使命、目标、转型、资源、能力等的一致性状态，如果没有理想化的愿景和对最佳自我的理解，许多企业就缺乏实现其潜力所需的方向、规模或动力。

总之，在当今充满挑战的商业环境中，战略一致性的企业更有可能获胜。为了获胜，企业领导者必须找到自己独特的方法来调整商业战略、组织能力、宝贵的资源和管理系统，以实现企业的目标。然而，当面临企业一致性挑战时，相信许多领导人会因为短期结果的持续压力而放弃积极但困难的变革机会，随之带来的惩罚是不可持续的绩效表现和不确定的未来。

组织的成败取决于其成功实施制胜战略的能力。领导者被期望做的事情无非是改变他们的组织，以便能够在一个高度互联、快速变化的世界中生存和繁荣，这些领导者迫切需要知道如何将想法变成现实。Brightline 是一个致力于帮助组织弥合战略设计和战略交付之间差距的非商业联盟，它提供了这 10 条原则，作为迈向卓越战略实施之旅的第一步。

（1）承认战略交付与战略设计同样重要。战略交付不是在设计完成后自动发生的,需要积极和可见的领导力投入。组织投入大量的资源、创造性的时间和精力来设计正确的战略,就需要对战略交付给予同等的优先权和关注。

(2)接受对战略实现负责的事实。在当今快速变化和复杂的商业环境中,取得成功所需的一致性努力是巨大的。一旦定义并明确传达了战略,管理者就有责任转移到监督战略实施,从而使战略取得成果。需要知道组织中的变革发生在哪里,以及谁来管理推动变革项目,同时还有责任积极应对可能影响交付而出现的挑战。

(3)投入并调动适当的资源。激励并分配合适的人来完成工作。积极平衡"日常业务"和"变革业务",为每个有足够能力正面应对最具挑战性项目的人选择并确保合适的资源。

(4)利用对客户和竞争对手的洞察力。继续监控客户需求,收集竞争对手的见解,监控市场前景中的主要风险、未知因素和依赖性。市场上的优势流向那些擅长从不断变化的商业环境中获得新见解,并通过对战略设计和交付的正确调整快速做出反应的组织。

(5)要大胆,保持专注,并尽可能简单。组织面临的许多交付挑战将是复杂的和相互依赖的,保持灵活性的最好方法是简单。组织需要能够抓住机会或威胁的核心,了解趋势、提供信息,以最需要的方式采取最需要的行动。这样,就可以最大限度地探索想法、承担适当的风险、优先考虑工作、确保责任感,专注于通过战略举措实现价值。

(6)促进团队参与和有效的跨业务合作。不要想当然地认为员工会自然知道、了解和支持战略,需要通过透明度来建立员工信任并加强跨业务的交付合作,这需要通过变革将"冻结的"中层"解冻",通过对中层和直线经理的转变来获得员工对于战略的真正支持。

(7)致力于快速做出战略决策。迅速行动、纠正路线、重新确定优先级,并消除障碍。根据商定的指标和里程碑,建立一个精简而强大的治理结构,以加强问责制、所有权和对行动的偏见。

(8)在实施新的计划之前,先检查正在进行的计划。有了正确的治理、领导力、严谨性和报告能力,组织可以定期评估战略组合计划。可以添加新的计划以应对新的机遇,但首先要确保了解现有的产品组合和组织实现变革的能力。从长远来看,只有在强有力的评估、支持和纠正到位的情况下,战略计划才能发挥作用。

(9)制订强有力的计划,但允许失误。适当的计划和准备可以防止表现不佳。在当今的商业环境中,战略规划周期必须比过去更加快速、动态和敏捷。公开授权项目并根据需要调整计划以获得成功。学会奖励失败,至少接受它作为有价值的投入,失败要快,学习也要快。

(10)庆祝和表彰成功。激励他人是战略工作的一部分。领导者必须推动问责制并专注于交付,但也需要激励那些从事工作的人。通过激励负责实施和参与战略变革计划的人员,庆祝成功和快速胜利,积极塑造获胜文化。

七、战略一致性组件

战略一致性是保证战略规划到战略执行的一致性,可以定义为组织战略管理的价值链,包括了组织使命目标、业务战略、组织能力、组织资源和业务流程关键组件要素。这个过程可以简单描述为:业务战略如何满足企业使命和目标?组织能力如何确保交付业务战略?组织资源如何支撑需要的组织能力发展?管理体系和流程如何驱动组织资源运作进而产生绩效?有一点大家可能没有思考过:这条包含使命目标、业务战略、组织能力、组织资源和流程系统的从战略设计到执行的价值链的能力如何评价?答案是,链接能力最弱的一环,也就是说这条战略价值链的强度取决于各个环节中链接最弱的那一环。如果业务战略需要在线业务管理的组织能力,但目前的组织能力都是传统的线下业务,并不擅长也没有线上管理能力的经验,就会发现组织能力不能有效满足业务战略的要求,即使现有组织资源再多、业务流程再顺畅,也不能达到预期的战略目标,最好的业务结果充其量是达成和线下组织能力匹配的战略结果,甚至因为内部资源协调得不一致导致更糟糕的结果。

图 2-1 是组织中战略一致性组件,包括企业目的、业务战略、组织能力、资源架构和管理系统。

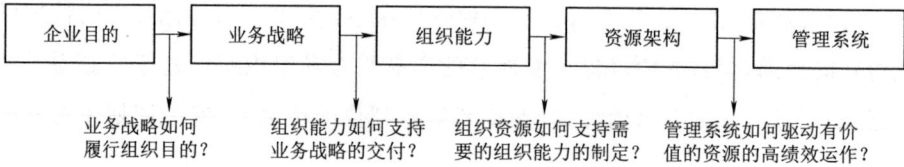

图 2-1　组织中战略一致性组件

1. 企业目的

我们做什么？为什么要做？企业目的是每家企业赖以建立的基石。财务成功是企业很好地实现其目标的结果，不应与企业目标本身混淆。想想这样的问题：企业的持久目标是什么？如果明天企业倒闭了会发生什么？谁会在乎？企业目标是否足够明确？投资者、员工、合作伙伴和客户是否能清楚地表达出来？

2. 业务战略

为了实现企业目标，企业所寻求的胜利果实究竟为何？若将企业目标视为其存在的根本理由，那么业务战略便是为了这一目标而设计的行动与举措的规划。与固定不变的目标不同，业务战略应具备足够的灵活性，以便应对未来可能出现的各种机遇与威胁。衡量业务战略有效性的标准，便是看其能在多大程度上助力企业实现既定目标。以迪士尼公司为例，其宗旨在于"通过为世界各地各年龄层的人群提供卓越娱乐体验，创造幸福"。为实现这一目标，迪士尼提供了一系列消费产品、娱乐活动以及独特的体验，并在各个领域中追求卓越表现，同时确保各领域间相互支持，共同助力企业赢得成功。

在制定业务战略时，企业需要深思熟虑几个关键问题。首先，企业所提供的产品和服务是否与其目标宗旨相契合？是否存在缺失之处？其次，在企业的业务范畴内，有哪些是不应该涉足的领域或提供的产品服务？此外，关于客户群体的界定也至关重要：谁是企业的目标客户？他们对当前和未来的产品与服务有着怎样的需求和期待？再者，识别竞争对手并分析其能力也是不可或缺的一环：竞争对手能提供哪些本企业所没有的产品和服务？最后，为了在商业竞争中脱颖而出，企业需要思考如何打造自身的差异化优势。

3. 组织能力

组织需要擅长什么才能获胜？业务战略在高管们的关注中占了很大的份额，如果没有适当的组织能力支持，即使最好的战略也毫无用处。这是一个鲁莽的领导团队，他们在不知道自己能否实现的情况下致力于业务战略。传统上，企业竞争的是执行战略计划的能力，以尽可能有效地匹配供需，而且许多企业未来将继续以这种方式运营。当下，组织的战略能力越来越重要，例如，围绕客户的灵活性、互补产品之间的连接性和探索新机会的创新性。

考虑组织能力的问题有：企业需要真正擅长什么才能成功地实现业务战略？什么组织能力自己有而竞争对手没有？无论现在还是将来，企业满足市场和客户要求的独特能力是什么？

4. 资源架构

拥有战略一致性的企业之所以展现出强大的能力，源于它们能够依据战略的重要性来合理配置组织资源。这些资源囊括了人员、结构、文化和流程等多个方面。在人员方面，企业重视那些具备执行工作所需技能、经验和知识的员工；在结构层面，企业注重构建正式与非正式的关系网络，以及能够实现高效连接的功能架构；流程上，企业关注工作执行的过程，并致力于在组织内部保留有价值的知识；文化上，企业倡导能够引导日常工作行为的价值观、信仰和态度。

在考虑组织资源时，企业需要深思以下几个问题：首先，对于企业的关键领域，需要配置哪些类型的人员？其次，业务战略的成功实施依赖于何种类型的文化？进一步，哪种文化能够促进不同业务线之间的协同合作？此外，哪些工作流程对于激发企业的创造力至关重要？最后，怎样的组织结构能够帮助企业在激烈的市场竞争中，持续赢得变化多端的客户的青睐？通过深入思考这些问题，据此合理配置组织资源，企业将更有可能实现战略目标。

5. 管理系统

管理系统涵盖了广泛的领域，包括运营机制、基础设施、信息系统管理、业务绩效管理和员工绩效管理等多个方面。在构建和优化管理系统时，必须考虑以下关键问题:哪些管理实践、系统和技术能够最有效地助力企业实现其目标？这些管理系统和机制在短期和长期内应如何设计准入措施？在日常业务管理中,应如何聚焦努力和注意力？同时,还要确保这些组织关注的焦点与业务战略高度一致。

接下来,更深入地理解这些战略一致性组件如何相互关联并协同工作。

组织的企业战略、倡议和政策受到内部和外部环境的共同影响和塑造。组织的使命是确定业务战略的基础,战略规划则进一步明确了业务目标、关键举措及其优先级。在战略执行阶段,需要确定具体的项目、流程和目标,以确保实施和交付所需的成果。在这个过程中,保持目标、举措、能力、项目和流程运营的一致性至关重要。

在举措层面,项目群和项目计划的启动、监测和调整对于创造新的产品或服务能力至关重要。新产品和服务的成功交付往往会引发业务流程的创新和变革,进而影响整个业务运营。这些项目旨在提供所需的新产出和新能力,并将其转化为具体的流程行为以实现预期成果。最终,通过这一系列努力,业务转型也将得以实现。然而,需要注意的是,公司战略并非一成不变。即使项目正在对目标业务进行变革和改进,它们也可能需要对公司战略的变化作出灵活反应,或适应新的举措或政策。因此,需要不断进行调整和优化,以确保项目始终与战略目标保持紧密联系。

在组织中,尽管每年都会制定并实施新的战略转型项目,但总有部分业务能力会保持稳定并持续运作。这些稳定运作的业务构成了日常业务运营的核心。与项目不同,日常业务运营并不追求产生新的能力,而是专注于直接创造价值。这一价值创造过程是在组织日复一日的业务流程执行中逐步实现的。

为了确保业务流程的绩效与业务战略目标保持一致,组织需要密切关注业务流程的绩效表现,并评估其与业务战略目标的契合度。同时,与业务战略紧密相关的业务流程目标也需要持续创造符合战略需求的绩效和价值。通过确保这些关键要素之间的一致性,组织将更有可能实现其长期目标和愿景。

上述描述展示了业务目标、项目和运营流程之间的一致性。这种一致性不仅体现在业务目标、项目目标和流程目标的协同上，还体现在业务战略、业务能力和组织资源之间的相互匹配上。只有当这些要素保持高度一致时，组织才能更加有效地实施战略转型，并在日常业务运营中持续创造价值。如图2-2为战略一致性组件关系框架。

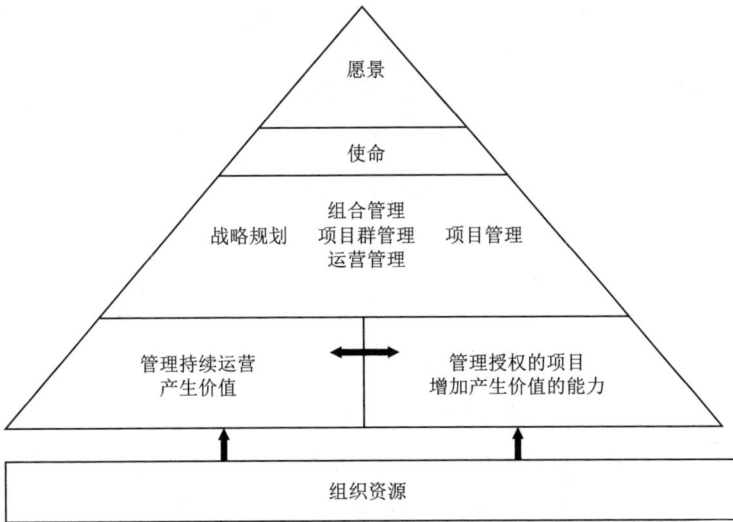

图 2-2 战略一致性组件关系框架

八、战略一致性工具与模型

1. 业务领先模型（BLM）

保持战略一致性的工具有很多，其中大家熟知的业务领先模型（BLM）工具就是其中之一。这套方法最早是哈佛商学院教授迈克尔·图什曼所总结的一套业务一致性模型。该模型的核心内涵是：企业唯有保持不断创新的动力，并始终管理好成熟市场与创新市场的多重一致性，才能在竞争中脱颖而出，最终获得长期成功。后来，这个方法被引入IBM公司，全面指导IBM的战略落地规划，实现将战略设计和战略执行的连接，成为从公司层面到各个业务部门共同使用的统一的战略规划方法，也就是现在大家所熟知的BLM模型如图2 3所示。

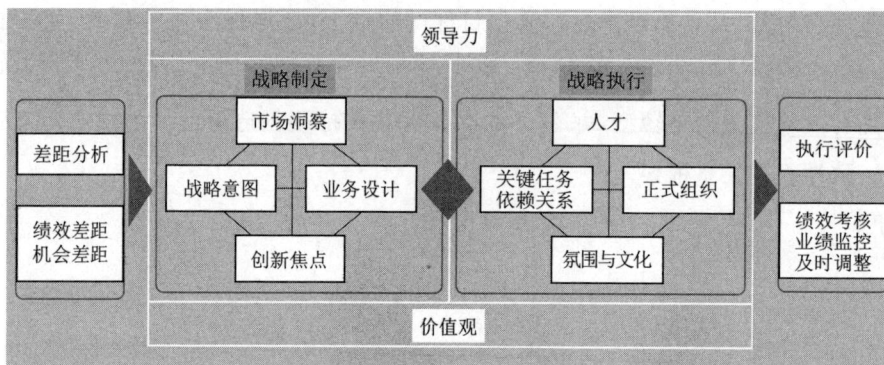

图 2-3　业务领先模型（BLM）

　　BLM 模型分为三部分：最上面是领导力，公司的转型和发展归根结底在内部是由企业的领导力来驱动；第二个部分分为战略制定和战略执行，一个好的战略会自然包含两部分，要有好的战略制定，同时要有非常强的战略执行，没有好的执行，再好的战略也会落空，但执行不是空谈，执行是需要具体内容来进行制定的；第三部分即最下面是价值观，BLM 模型认为价值观是基础。价值观是企业领导者对企业愿景、使命、价值取向做出的选择，是企业决策与行动的基本准则，是企业全体成员都接受的共同观念和调节行为的导向。BLM 模型可以归纳为：领先的意愿、领先的能力与领先的品质。其中领先的意愿反映的是对现状的不满意，也是下定决心变化的起点，它体现于 BLM 模型的"市场结果与战略意图之间的差距"；领先的能力反映的是将意愿变为现实的过程，它涵盖了 BLM 模型的左、右两个主体部分，即战略贯穿到执行的能力；领先的品质是 BLM 模型中一上一下两个模块：领导力和价值观，是整个模型的"灵魂"。

2. 平衡计分卡（BSC）

　　平衡计分卡于 20 世纪 90 年代初由哈佛商学院的罗伯特·卡普兰和戴维·诺顿所从事的"未来组织绩效衡量方法"项目引入。当时该项目的目的在于找出超越传统以财务量度为主的绩效评价模式，以使组织的"战略"能够转变为"行动"而发展出来的一种全新的组织绩效管理方法。按照卡普兰和诺顿的观点，平衡计分卡是一种绩效管理的工具，是根据企业组织的战略要求而精心设计的指标体系。它将企业战略目标逐层分解转化为各种具体的相互平衡的绩效考核指标体系,并对这些指标的实现状况进行不同时段的考核,从而为企业战略目标的完成建立起可靠的执行基础。

平衡计分卡是一种实现目标绩效级联的一致性工具。平衡计分卡贯穿于战略管理的三个阶段。由于制定平衡计分卡时,要把组织经营战略转化为一系列的目标和衡量指标,此时管理层往往需要对战略进行重新审视和修改,这样平衡计分卡为管理层提供了就经营战略的具体含义和执行方法进行交流的机会。同时,因为战略制定和战略实施是一个交互式的过程,在运用平衡计分卡评价组织经营业绩之后,管理者们了解了战略执行情况,可对战略进行检验和调整。在战略实施阶段,平衡计分卡是一个战略实施机制,它把组织的战略和一整套的衡量指标相联系,弥补了制定战略和实施战略间的差距。传统的组织管理体制在实施战略时有很多弊端,或是虽有战略却无法操作,或是长期的战略和短期的年度预算相脱节,或是战略未同各部门及个人的目标相联系,这样,使战略处于一种空中楼阁的状态。

平衡计分卡打破了传统的单一使用财务指标衡量业绩的方法,而是认为组织应从四个角度审视自身业绩:创新与学习角度、内部流程角度、顾客角度、财务角度。平衡计分卡中的目标和评估指标来源于组织战略,它把组织的使命和战略转化为有形的目标和衡量指标。在客户方面,管理者们确认了组织将要参与竞争的客户和市场部分,并将目标转换成一组指标。例如,市场份额、客户留住率、客户获得率、顾客满意度、顾客获利水平等。在内部管理过程方面,为吸引和留住目标市场上的客户,满足股东对财务回报的要求,管理者需关注对客户满意度和实现组织财务目标影响最大的那些内部流程,并为此设立衡量指标。在这一方面,平衡计分卡重视的不是单纯的现有经营过程的改善,而是以确认客户和股东的要求为起点、满足客户和股东要求为终点的那些关键业务流程的改善。

平衡计分卡的学习和成长方面确认了组织为了实现长期业绩而必须进行的对未来的投资,包括对雇员的能力、组织的信息系统等方面的衡量。组织在上述各方面的成功必须转化为财务上的最终成功。产品质量、完成订单时间、生产率、新产品开发和客户满意度方面的改进只有转化为销售额的增加、经营费用的减少和资产周转率的提高，才能为组织带来利益。因此，平衡计分卡的财务方面列示了组织的财务目标，并衡量战略的实施和执行是否在为最终的经营成果的改善作出贡献。平衡计分卡中的目标和衡量指标是相互联系的，这种联系不仅包括因果关系，而且包括结果的衡量和引起结果的过程的衡量，最终反映组织战略。

3. 战略一致性模型（SAM）

卡特拉曼和亨德森于 1993 年提出的战略一致性模型（SAM）在学术界和企业界均得到了广泛应用。他们认为，企业在从信息技术（IT）投资中实现价值时遇到的困难，主要源于两点：一是在组织的业务战略与 IT 战略之间实现最佳协调一致性的固有挑战；二是缺乏一个动态的、能够自我纠正的管理流程，该流程旨在确保业务和 IT 领域之间的持续一致性，并在必要时重新调整，以有效利用有限的资源。

因此，战略一致性模型（SAM）可以被描述为一种组织能力，即确定 IT 战略如何以最佳和灵活的方式支持业务战略，并最大限度地提升 IT 投资的价值。战略一致性模型的核心目标在于深入理解影响企业业务和 IT 战略之间一致性的各种组织决策驱动因素。它是一个概念性框架，通过四个关键组成部分来阐释战略一致性：业务战略、IT 战略、组织基础设施和流程战略，IT 基础设施战略以及它们之间的相互依存关系。该模型还详细阐述了四种不同的战略，这些战略共同构成了组织在追求战略一致性过程中的关键要素：

- 业务战略：是企业发展的核心指南，它明确了企业在市场中的竞争目标及定位。该战略勾勒出公司的长远愿景，以及达成目标的具体路径，涵盖了产品、服务、市场定位和收入来源等关键要素。
- IT 战略：是企业业务目标的关键支撑，它详细规划了组织如何利用信息技术来推动业务发展。这包括 IT 管理策略、基础架构的搭建、应用程序和系统的决策等方面。重要的是，IT 战略必须与业务战略紧密相连，确保两者之间的协同作用。

- 组织基础设施和流程战略：包括组织结构的设计、组织文化的塑造以及业务流程的优化等方面。为了确保战略的有效实施，这些基础设施和流程必须与业务和 IT 战略保持一致，并提供必要的资源和支持。同时，组织文化也应积极支持战略实施，促进创新、协作和持续改进的文化氛围。
- IT 基础设施和流程战略：是支撑 IT 战略实施的关键要素，它涵盖了企业硬件、软件和支持系统的全面规划。这一战略为 IT 战略提供了必要的技术能力支持，确保其顺利推进。此外，IT 基础设施战略还需具备安全性、可扩展性和灵活性，以应对和支持不断变化的业务环境。

战略一致性模型由战略匹配和功能集成两个主要维度构成如图 2-4 所示。战略匹配关注内部和外部领域之间的一致性，确保企业战略与外部市场环境相契合；功能集成则强调业务和 IT 领域之间的紧密协作，包括战略一致性和运营一致性两个方面。战略一致性反映了业务战略与 IT 战略之间的紧密联系，运营一致性则涉及组织、流程与 IT 基础设施之间的协同作用。

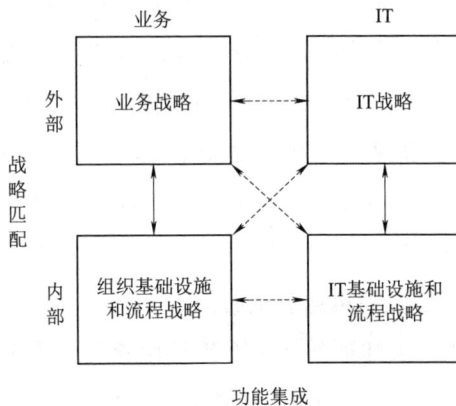

图 2-4 战略一致性模型（SAM）

战略一致性模型详细阐释了与 IT 发展的组织及业务战略驱动因素紧密相关的四个核心一致性观点。这些观点旨在协助分析者深入洞察组织内部可能对业务和 IT 战略协调产生显著影响的主导力量。

战略执行观点认为，业务战略和组织设计选择构成 IT 基础设施逻辑的主要推动力。这一观点与战略管理的经典分层视图相呼应,称为战略执行一致性路径,见图 2-5 左上。在此路径中,最高管理层依据业务战略来制定 IT 战略目标,IT 管理层则作为唯一的战略实施者,致力于提供必要的 IT 能力,通过实现关键绩效指标来有力支持业务战略,这些指标由最高管理层确定并明确体现在业务战略中。

技术转型观点同样将业务战略视为主要驱动因素。然而,它还进一步涉及 IT 战略的制定过程,以确保所需的 IT 基础设施和流程能够规范地支持所选的业务战略。这种一致性路径可称为技术转型一致性路径,见图 2-5 右上。在此路径中,最高管理层应提供明确的技术愿景,以阐明逻辑并指导与 IT 战略相关的选择,从而更有效地支持业务战略的实施。IT 经理应扮演技术架构师的角色,高效设计和实施所需的 IT 基础设施,确保其与 IT 战略的外部组成部分(如范围、能力和治理)保持一致,并允许对其进行有力的控制。

竞争潜力观点强调利用新兴的 IT 能力来引导或影响战略,进而形成独特的企业竞争力。这通常涉及新产品和服务的引入以及新的业务治理关系的建立等情形。这种路径可称为竞争潜力一致性路径,见图 2-5 左下。与前两种观点不同,竞争潜力观点将业务战略视为可调整和可反馈的,允许通过新兴的 IT 功能对业务战略进行修改和反馈。在此路径中,最高管理层的角色是 IT 和业务联合型的梦想家,他们积极主张 IT 不断增强的能力和功能以及不断变化的治理模式将对战略产生积极影响。IT 经理应充当催化剂和顾问的角色,帮助业务经理从 IT 的角度洞察潜在的机遇和威胁。

最后,服务水平观点关注如何在一个组织中建立一个 IT 组织,称为服务水平一致性路径,见图 2-5 右下。在 IT 成熟的早期阶段,虽然这种观点被认为是必要的,但可能不足以确保 IT 资源的高效利用和快速响应最终用户不断增长和变化的需求。在 IT 不断发展的企业中,使这种观点成功的最高管理层的特定角色是 IT 优先者。他们负责决定如何在组织内部和 IT 市场中合理分配资源。IT 经理的角色则转变为业务领导,其具体任务是确保内部业务在最高管理层发布的运营指南范围内取得成功。

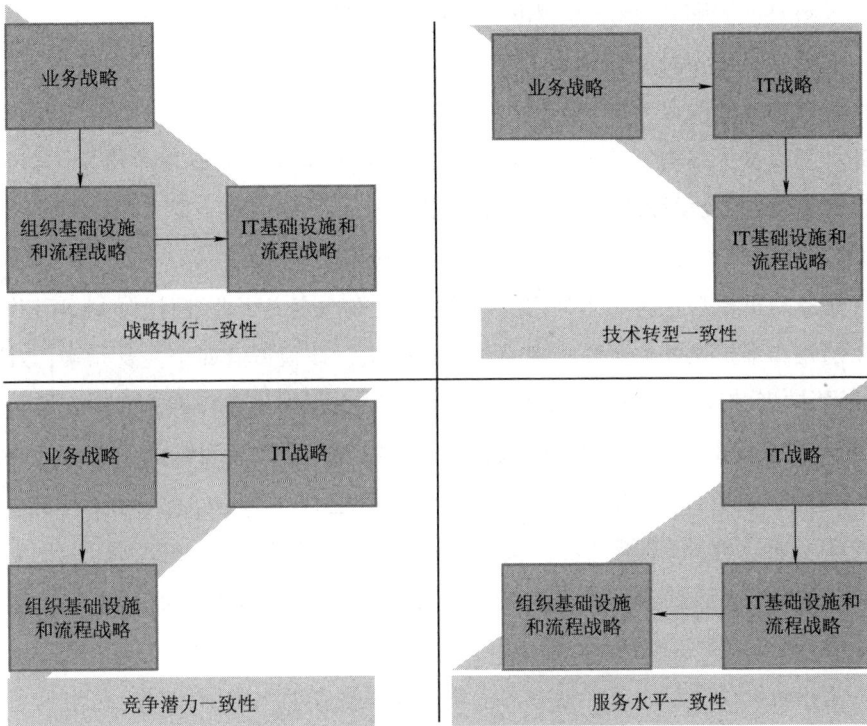

图 2-5　战略一致性模型阐述(SAM)

4.业务动机模型(BMM)

业务动机模型(BMM)始于 2000 年商业规则小组的一份出版物,题为"组织商业计划:商业规则动机的标准模型"。该出版物后来被对象管理小组(OMG)采纳为商业动机模型。尽管该工具是二十多年前开发的,但其原理和结构在今天仍然具有相关性和实用性。

业务动机模型建立在动机概念的基础之上。当企业为其业务活动选择某种方法时,应当能够明确阐述其背后的原因,即该方法预期实现何种结果。然而,在实际工作中,这种动机有时难以捉摸,尤其是在已经执行了一段时间的行动中。此时,人们往往只能无奈地表示:"我们必须为未完成的系统寻找一个权宜之计。"因此,业务动机模型具有两个主要目的:一是获取关于应对变化的决策及其理由,通过学习经验来提高决策的清晰度并进行改进;二是参考决策结果及其对业务运营的影响,实现从影响因素到运营变更的可追溯性。

业务动机模型是一种强有力的工具,能够有效地推动业务计划取得成果。它作为一种业务决策模型,旨在应对不断变化的商业环境,为制订、沟通和管理业务计划提供了结构化的方法。该模型的所有元素均从业务视角出发,其核心思想在于,在系统设计或技术开发之前,先为业务计划的各个要素构建一个业务模型,从而确保系统解决方案与业务动机紧密相连。

业务动机模型包含一系列内置概念,这些概念定义了业务计划的要素,并为企业创建和维护业务动机模型提供了支持方法。该模型有四个主要元素:方法、结果、影响者和评估。结果领域解释了"什么",也称为业务目标。方法领域包括一个行动方案和指标。影响者领域包括可能影响企业实现目标的所有内部或外部影响者。最后,对影响者可能产生的影响进行了评估,有时还需要进行SWOT分析。此外,该模型还涉及三个基本概念的角色结构:组织单元、业务流程和业务规则。这些角色不仅在业务动机模型内部相互关联,而且还与模型范围外的其他元素产生联系,如图2-6所示。

业务动机模型在业务计划中的应用主要体现在两大方面:首先,它明确了企业所追求的目标以及为实现这些目标所采用的策略与手段,包括战略、战术以及具体的业务策略和业务规则;其次,该模型强调了影响业务计划的各种因素,并对这些因素如何影响目标和手段进行了评估,例如通过优势、劣势、机会和威胁的分析来洞察其影响。

在业务动机模型中,方法、结果和影响者三者紧密相连。企业的愿景和使命需要被转化为明确的目标和行动计划,进而形成实现目标的战略和策略。这种目标与手段的结合构成了业务动机模型的核心。然而,企业在运营过程中必须考虑多种可能的影响因素,这些因素既可能带来机遇也可能构成威胁。企业内部的优势与弱点以及外部的机遇与挑战都是这些影响者的体现。

为了确定影响者的具体作用,企业需要进行评估,这种评估通常在SWOT分析中进行。内部影响者(优势和劣势)和外部影响者(机会和威胁)的分析是业务计划制订的重要组成部分。通过这种分析,企业能够更清晰地认识到自身在市场中的定位和面临的挑战与机遇。

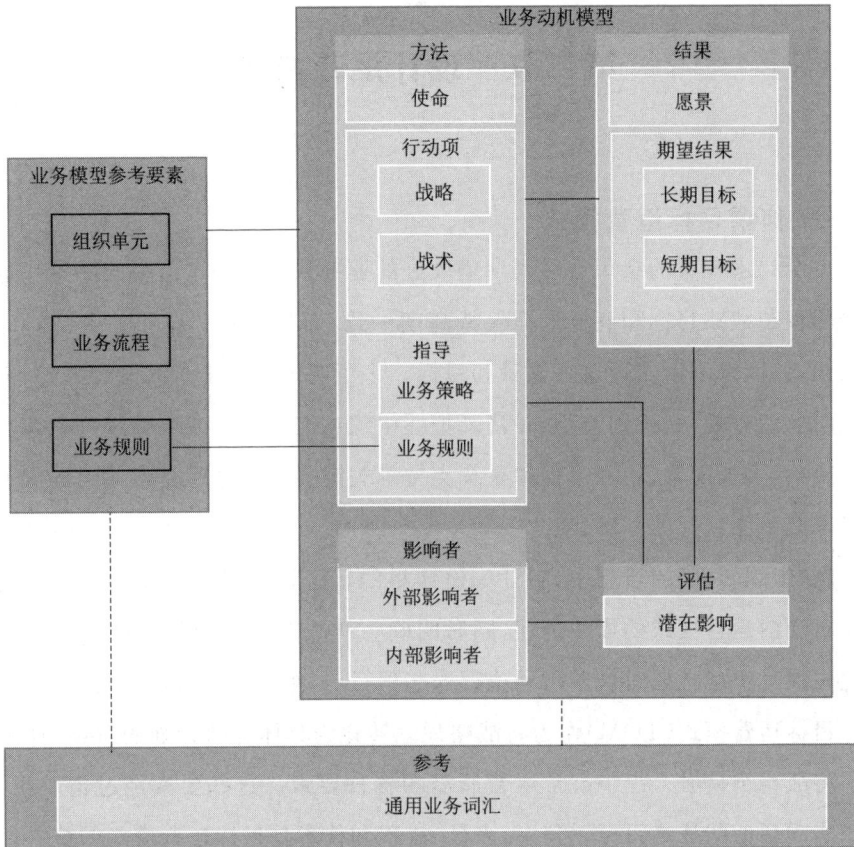

图 2-6　业务动机模型（BMM）

　　一旦评估明确了各种影响因素对目标和手段的具体作用，企业便可以制定相应的指导方针，如商业政策和商业规则，以规范和引导企业的行动。这些指导方针确保企业沿着正确的轨道前进，最终实现期望的结果。其中，业务政策在指导方针中发挥着关键作用，业务规则进一步强化了业务策略，将行动纲领具体化到操作层面。此外，业务规则还提供了行动方案失败时的补救措施以及解决冲突的具体方案。因此，包含商业政策和业务规则的指导方针被纳入企业管理手段的范畴，为企业实现目标提供了有力的保障。

第二节 设计运营模式

一、何谓目标运营模式

一个寻求变革的组织会对其期望改进的业务描绘出一个清晰的愿景。这个愿景不仅与战略目标和商业论证保持高度一致，而且所有利益相关者都对此达成共识，共同致力于实现这一愿景和目标。为了明确企业未来的发展方向，需要深入了解业务现状、识别差距，并清晰把握组织在交付产品或服务过程中涉及的组织架构、人员配置、业务流程和系统支持等关键要素。这些要素共同构成了企业未来愿景和目标的基础。

在"组织转型"的过程中，制订一份详尽的转型计划至关重要。这份计划应包含对当前运营模式的详尽描述，同时明确与新战略相契合的转型项目和组合的优先级。正确把握时机并顺利执行这些项目，是组织转型成功与否的关键。

目标运营模式（TOM）作为将战略理念转化为具体运营计划的桥梁，详细定义了将战略举措融入组织日常运营所需的各种要素。这些要素经过精心组合，旨在实现预期的战略目标。其中，人员、流程和技术是目标运营模式的核心组成部分，但在某些情况下，关键要素还可能扩展至核心业务能力、内外部驱动因素、战略与运营杠杆以及组织结构等多个方面。就像计算机的操作系统需要不断更新以适应技术发展一样，目标运营模式也持续更新公司的运营模式，使之与战略愿景保持同步。

目标运营模式不仅是公司商业愿景的蓝图，更是将运营能力与战略目标紧密结合的指南。在高层次上，它指明了如何以更高效、更有效的方式组织公司，从而优化战略交付和执行。通过目标运营模式，人们可以从价值链的各个角度对组织进行全面审视，包括组织架构、人员配置、业务流程、技术支持以及核心能力等各个方面，进而形成对组织的共同理解。在数字化和认知技术日新月异的今天，利用一个健全的目标运营模式来展示和实现目标状态，已经成为企业不可或缺的战略任务。

所有目标运营模式的构建都始于一套明确的业务目标和战略。这些目标和战略概述了组织未来希望达成的愿景、现有目标以及满足客户需求的方式。在开发目标运营模式的过程中,有三个关键目标至关重要:一是将组织从当前运营模式(COM)所描述的工作方式转变为目标运营模式(TOM)所描绘的工作方式;二是发展组织的变革能力,确保其在应对和适应变革时不会损害客户利益、服务质量、盈利能力、安全性以及竞争力;三是提升组织的战略规划能力,以便定期审视其运营模式、业务战略和年度计划,确保它们始终保持一致并支持组织的整体战略和发展方向,开发目标运营模式的过程如图 2-7 所示。

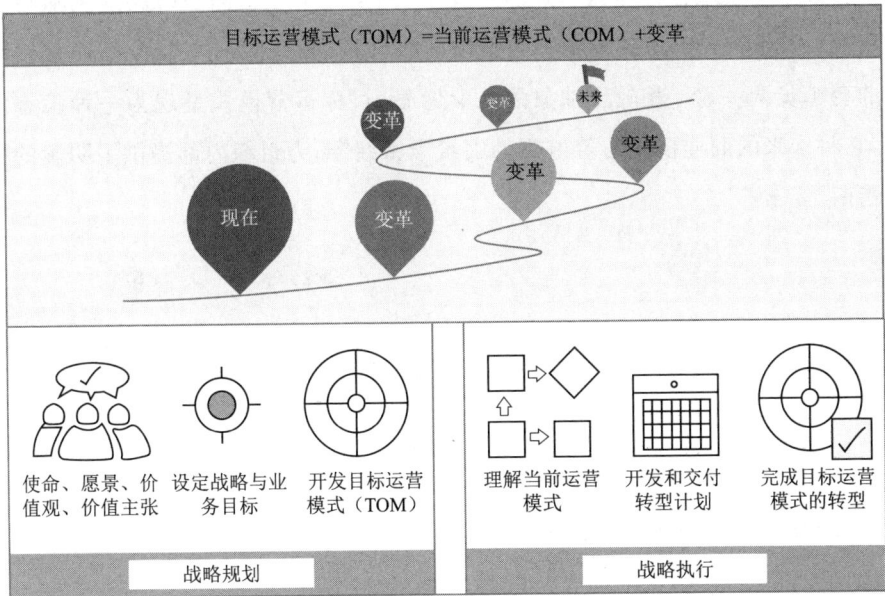

图 2-7 开发目标运营模式的过程

目标运营模式的应用范围广泛,包括业务转型、流程优化以及并购等领域。实施目标运营模式不仅能够提高运营效率、保持与业务目标的一致性并简化流程,同时还需要大量的资源投入和文化转变来确保变革的顺利实施。因此,组织从当前运营状态过渡到目标运营状态的时间周期会受到多种因素的影响。目标运营模式的实施目标正是确保这个过渡阶段能够平稳且迅速地完成。相应,我们可以将目标运营模式的作用公式化为:通过明确愿景、制订转型计划、优化运营模式以及确保变革能力的持续发展,最终推动组织实现高效、一致和灵活的战略目标。

尽管目标运营模式(TOM)为组织的预期运营状态提供了详尽描述,但明确现实的起点同样至关重要,即组织的当前运营模式(COM)。深入理解当前运营模式是确保组织以经济高效的方式成功实现其目标运营模式转变的核心要素。当前运营模式作为一个运营框架,映射出组织当前的配置状况,目标运营模式则揭示了组织为达成战略目标所应追求的未来形态。

在开发与实施目标运营模式的过程中,制定一个变革的战略路线图显得尤为重要。如图 2-8 该路线图应作为整体转型计划的一部分,与业务整体战略所需的变革步调一致。相较于抽象的企业愿景,目标运营模式呈现为一种稳态结构,它将未来的商业模式与价值驱动因素紧密结合,为组织内部提供了明确的操作指南。

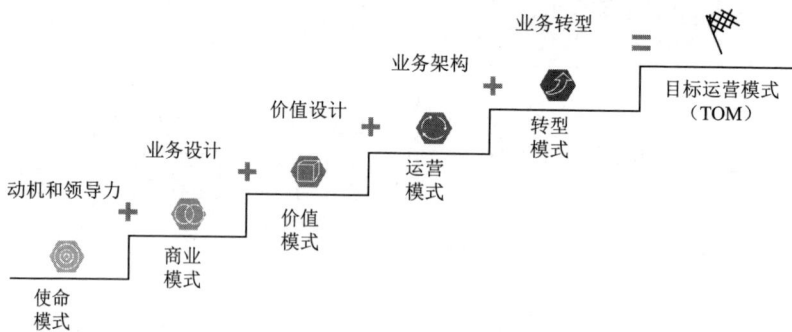

图 2-8　目标运营模式实现路径图

目标运营模式不仅促进了组织内部的共识与工作一致性,还确保了纵向的完整性与横向部门间的流动性。它为内部利益相关者提供了共同的目标感,并推动了实现共同使命的协同努力。从目标运营模式中派生出的详细工作计划、里程碑、任务与活动等,为管理层提供了优化投资和资源评估的工具,从而最大限度地提高了项目的有效性并加速了实施进程。

制定一个优秀的目标运营模式,其关键步骤在于确保组织领导者能够制定清晰的愿景,并构建适当的结构以实现预期结果。这一愿景需要明确阐述预期目标与结果,以及如何、何时、何地实现这些目标。当任务、目标和目的与组织战略保持一致时,目标运营模式的输出将有力地推动预期结果的实现。

然而,目标运营模式的更新与实施速度受多种因素影响,包括成熟度、覆盖范围和赞助水平等。在多数企业中,变革与创新的步伐往往较为缓慢,这些企业通常会为战略转型分配3~5年的时间,特别是在重新评估特定的业务线和模式时。偶尔,目标运营模式的调整会在1~2年内发生,但这种情况往往是由短期成本削减目标所驱动,而非专注于长期价值的全面目标运营模式举措。当降低成本是首要目标时,运营模式改变引起的项目可能会无意中触发其管理系统和组织转变,导致裁员、离岸外包、远程服务战略和适应更严格政策的变化。在不考虑基本商业模式转变的必要性或价值模式的影响的情况下实施这些变化,可能只会导致短期资产负债表调整,而达不到长期战略的目标。

在探讨商业模式与运营模式的区别时,商业模式主要关注组织的客户、产品(或价值主张)及商业化的有效方式,侧重于通过收入流和产品提供来实现企业利润。同时,它也着眼于为客户提供产品和服务所需的活动和资源。相比之下,运营模式在高层次上描述了企业必须做什么和必须改变什么,它是战略执行生命周期的一部分,负责解决"如何""在哪里""何时"的问题。因此,没有运营模式的支撑,商业模式将失去其实际意义,无法为企业及其客户成功创造价值。

业务战略和优先级常因外部因素而变化,但运营模式提供了执行公司计划所需的基础和灵活性。战略要求有目标运营模式的支撑,而运营模式反过来也会影响公司的战略。如果将整个战略生命周期描述为一个旅程(见图2-8),企业作为一个有生命的实体,将不断经历变化,目标运营模式只是企业变革愿景的一部分。

二、设计目标运营模式

运营模式并非新生概念,其包含的组件已经历了逐步完善与发展。现代运营模式主要由以下几个基础组件构成,组织可根据具体项目的需求,灵活选择最适合的组件:

- 组织：为团队提供明晰的指导和方向，涵盖组织结构、协作网络、职责角色划分、团队构成、办公地点布局以及治理框架等要素。
- 技能：支撑各角色和职责顺利履行的技能集合，包括胜任力标准、知识储备以及行为要求等。
- 流程：业务流程及其测量跟踪机制，涉及价值链分析、端到端流程管理、供应商协作流程、客户协作流程以及政策遵循等。
- 技术：作为转型的强大推动力，涵盖信息系统自动化、云技术运用、移动端支持、RPA（机器人流程自动化）、IoT（物联网）、认知计算以及协作技术等前沿功能。
- 数据：数据和洞察力是指导大规模数据应用与管理的核心所在。
- 合作伙伴生态：支持业务发展的伙伴关系和生态系统，包括战略合作伙伴的选择、投资者关系维护、供应商管理、外部网络拓展等。

设计目标运营模式的框架多种多样。根据组织面临的具体挑战，每个定义目标运营模式的项目都有其独特的侧重点。有些目标运营模式旨在加强信息技术与战略之间的联系，有些则着重促进组织设计与战略之间的协同。当企业着手创建一个标准运营模式时，它们可能最想知道哪个组件对于建立这一模式的基础最为关键。

例如，当组织希望通过新的工作方式改变现状时，最简单的目标运营模式会包含对每个 IT 功能以及支持新技术采用所需的流程、组织、工具和治理功能的详细描述。类似于一个新的混合云解决方案，可能需要围绕数据和人工智能等功能引入新的参与者、合作伙伴关系、技能和流程。在这种情况下，最初的标准运营模式可能会主要关注组织、流程和数据战略的组件。另一个例子是，一个组织试图建立一个专注于新兴创新的团队。在这种情况下，组织可能会优先考虑与技术、指标和客户管理相关的组件。在任何一种情况下，关键都在于要确保对组件进行全面而均衡的选择，避免过于偏重技术或流程。

运营模式的设计可以是自上而下的整体方法，集成人员、流程和技术的各个方面；也可以是自下而上的方式，定于某一特定的技术解决方案。一个广受认可的运营模式框架来自霍特-阿什里奇高管教育商学院的运营模式画布，也被称为 POLISM 模型，如图 2-9 所示。其组件包括：

- 流程和能力（process）：明确组织如何创造和交付产品和服务，以及业务运作所遵循的规则和流程。
- 组织（organization）：即执行流程或提供能力所需的人员配置，以及支持并培养这些人员的组织结构、职责划分、激励机制和文化建设。
- 地点（location）：指组织内部为支持流程和能力所需的位置选择、建筑布局、基础设施配置以及其他资产和资源管理。
- 信息系统（information）：涉及支持流程和能力所需的信息系统建设以及其他跨组织或跨地点的信息链接，特别是处理信息所依赖的软件应用程序。
- 供应商（supplier）：组织外部所需的供应商和业务合作伙伴的选择与管理，以支持该组织与这些合作伙伴之间的流程顺畅和能力提升，同时明确协议类型以保障合作关系的稳固。
- 管理系统（management system）：构建用于制定战略、规划实施、设定目标、管理绩效和持续改进的管理体系和过程。

图 2-9　POLISM 模型

目标运营模式可以是一页文档,如上内容的运营模型画布就是一个例子,也可以是 10 页或 100 页的文档,如果文档超过 100 页,它将成为一本手册,而不是一个模型。如图 2-10 所示内容是一个餐饮企业的 TOM 案例。

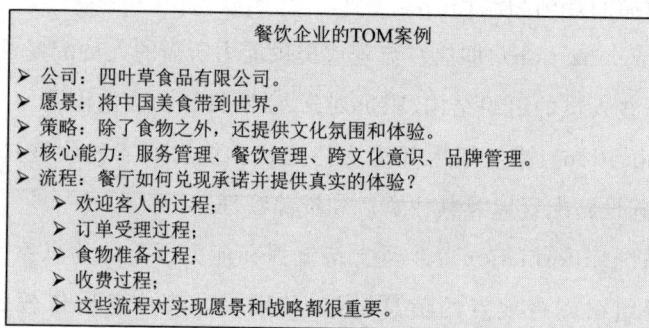

餐饮企业的TOM案例

➢ 公司:四叶草食品有限公司。
➢ 愿景:将中国美食带到世界。
➢ 策略:除了食物之外,还提供文化氛围和体验。
➢ 核心能力:服务管理、餐饮管理、跨文化意识、品牌管理。
➢ 流程:餐厅如何兑现承诺并提供真实的体验?
    ➢ 欢迎客人的过程;
    ➢ 订单受理过程;
    ➢ 食物准备过程;
    ➢ 收费过程;
    ➢ 这些流程对实现愿景和战略都很重要。

图 2-10 一个餐饮企业的 TOM 案例

还有一些扩展的运营目标模式,通过提供强大的框架来确保在设计工作中考虑到业务的所有元素。包括的元素参考如下:

- 流程:您的组织为每个客户群体创造和交付价值而完成的活动。

- 技术:支持每个流程所需的 IT 应用程序、基础架构和硬件。

- 数据:存储、访问和分析性能管理、洞察力和决策所需的业务信息。

- 渠道:用于沟通和接触客户群体的机制。

- 物理足迹:您的业务运营地点,以及支持工作所需的资产。

- 设计和布局:设施的物理设计,以实现最佳效率。

- 采购和支撑:有效运作所需的供应商和分销商组合。

- 共享服务:集中支持业务部门的关键职能(如人力资源、IT、财务)。

- 组织:完成工作所需的人员及其结构。

- 技能:企业成功所需的关键能力。

- 变革管理:通过转型计划领导组织的框架和方法。

- 文化:塑造员工体验的信念、价值观和态度。

- 治理:监控和控制整个组织绩效的流程和机制。

• 创新：促进创意产生和新产品和服务开发的结构。

三、开发目标运营模式

业务战略及其优先级常因外部环境的变动而调整。然而，运营模式为公司计划的执行提供了稳固的基础和必要的灵活性。

为了开发一个有效的运营模式，组织需要遵循结构化的方法，首先是对其当前状态进行全面深入的分析。这一分析过程涉及痛点的识别、改进领域的确定、需求的收集以及数据的分析等多个方面。当运营模式被设计为分阶段的结构化交付时，一个灵活的路线图显得尤为重要。基于现状评估，组织可以制订一个逐步过渡到所需未来状态的详细计划，并在整个战略实施过程中保持一致性，如图 2-11所示为目标运营模式开发步骤。

现状评估　　运营模式设计　　转型路线图设计　　转型与变革实施　　运营模式巩固

图 2-11　目标运营模式（TOM）开发步骤

开发目标运营模式的具体步骤如下：

第一步：评估组织的当前状态，识别痛点、收集需求并分析数据

这一步旨在了解组织的优先事项，并为未来状态的设计提供指导。评估通常持续 3~6 周，具体时长取决于项目的整体范围、复杂性和起点。在此期间的工作包括：

• 了解业务，包括价值主张、战略目标、客户细分市场、地理位置、渠道、合作伙伴关系等。

• 根据运营模式的维度评估当前的运营模式，并记录已知的痛点和机会。

• 采访和调查领导层和主要利益相关者。

• 审查和评估可用文件，例如公司和增长战略、当前项目组合和估计投资回报率、组织结构图和报告结构、流程图等。

• 组织研讨会，以审查关键发现，并找出最佳改进机会。

- 制定目标运营模式设计的指导原则。

第二步：定义期望的未来状态，设计运营模式

这一步为未来的运营模式制定清晰的愿景，并确定实现该愿景所需的变革措施。根据当前状态的评估结果，将深入构建目标状态的运营模式。此阶段的范围和持续时间由具体需求决定，范围从 3～4 周到几个月不等。在此期间的工作可能包括以下内容：

- 绘制整个价值链的流程改进机会。
- 制定目标的组织结构。
- 规划 IT 应用程序和支持基础架构的高级技术环境。
- 创建所需能力的"技能清单"，并确定关键差距。
- 确定覆盖所有客户群的最佳渠道组合。
- 设计目标位置占地面积和设施布局。
- 定义整个组织的决策权，例如，RACI 矩阵。
- 与外包策略保持一致。
- 制定平衡的计分卡来衡量和管理绩效。
- 建立一个财务模型，以量化所需投资和目标设计的潜在影响。

第三步：制定转型路线图

这一步旨在制订一个详细的计划，指导组织从当前状态平稳过渡到未来状态。计划包括时间表、资源分配和风险管理等方面的内容。该阶段通常持续1～3周。

- 定义明确的工作流、里程碑、时间表和责任，以达到目标状态。
- 根据里程碑设置报告和绩效跟踪，并设置项目执行的节奏。
- 确定关键项目风险、潜在影响和应对方案。
- 准备好开始实施解决方案。此阶段需要利用在项目规划、变革管理和项目治理方面的专业知识。

第四步：实施变革，执行转型路线图

按照转型路线图执行变革措施，监控进度并根据实际情况进行必要的调整。这一阶段可能涉及项目管理、变革管理规划、问题解决支持以及培训和能力建设等方面的活动。

- 项目管理：管理实施交付的机制，包括启动和时间表规划、日常执行、利益相关者管理、预算编制、风险管理、质量保证、状态报告和结束。
- 变革管理规划：利用变革管理框架制订全面、结构化的计划，通过组织变革方法来管理员工。
- 问题解决支持：在整个实施生命周期中，为解决和突破遇到的障碍提供额外的智力支持。
- 培训和能力建设：提高工作人员的技能，以确保实施的解决方案的顺利过渡和持续。

第五步：运营模式巩固，嵌入变革

确保新的运营模式在组织中得到充分采用，并融入组织的文化和流程。这一阶段的工作至关重要，因为它关乎变革能否在组织中真正扎根并产生持久影响。

目标运营模式的工作可以在不同的细节层面上展开。从最高层次的战略或设计原则，到粗略的草图或模型，再到具体的职位描述、布局规划、KPI设定等细节内容，每一步都至关重要。最终的目标是形成一个全面、详细且可执行的目标运营模式，为组织的战略实施提供有力支撑。

第三节　设计流程价值

一、流程一致性设计

在众多公司中，流程的实际益处并未总是获得充分认知和传达，关键在于没

有构建战略和流程贡献之间清晰而紧密的联系,以此确保流程与公司战略的一致性。流程和战略的一致性定义为组织的优先事项与企业流程之间的密切配合,这种关联使得企业能够采取持续有效的行动来提升业务绩效。流程一致性过程如图2-12所示。

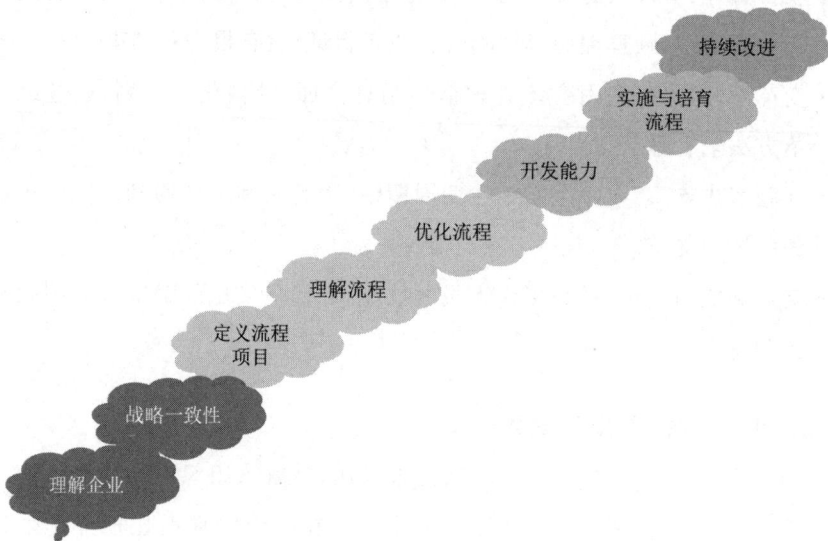

图 2-12　流程一致性过程

　　战略一致性的核心是战略与业务流程之间建立的相互联系。深入分析这一联系,就要审视一系列问题,紧密贴合战略议题:流程是否对战略实施作出了直接的贡献?是否明确将组织战略与流程能力整合为一体?例如,能否准确辨识哪些流程受战略调整的影响?哪些流程可能成为推动战略的瓶颈?是否依据现有和新兴的流程能力精心设计了当前战略并定期进行审查?在资源受限的情况下,该如何分配以确保各流程的高效运转?哪些流程体现了组织的核心竞争力,应优先处理?哪些流程更适宜考虑外包,甚至是离岸外包?以上问题中的一部分可借助成熟的战略一致性工具和方法,如战略地图、平衡计分卡等找到解决方案。

　　战略一致性的另一要素是流程绩效与战略目标之间的紧密联系。为有效衡量流程绩效,组织内的各方需要对流程关键绩效指标(KPI)有一个清晰且统一的认识。围绕成本和效益建立的流程绩效指标体系支持将战略目标细化为具体操作的流程目标,促进了有效的流程监控机制的建立。

公司战略目标映射到具体流程上,有利于界定战略的流程优先级,并从战略目标中派生出明确的流程目标。这为流程所有者提供了改进方案制定的重要指导。重点优化对战略执行至关重要的流程,突出了流程管理在战略执行中的核心地位。一个受战略驱动的流程改进计划,不仅反映了组织对流程管理的整体考量,也是战略实现的具体蓝图。该计划应该直接衍生于组织战略,详细阐述如何优化流程来达成战略的优先目标。这样一来,流程管理为公司带来的实质贡献显而易见。此外,该计划还涉及流程管理信息与底层系统实施项目的紧密相关性,从而确保战略目标要求与项目执行所需资源的精确契合,并合理一致地配置相关资源。

二、业务战略与流程价值

在战略演绎与规划阶段,核心任务在于设计出能够促进组织实现愿景的具体措施。这些措施的成功落地不仅依赖于文化、组织和人才等多方面的资源支持,更要求流程作为战略执行的关键环节,实现人才、流程以及信息系统的优化配置和高效运作。因此,将流程纳入战略执行的资源要素,确保其与关键措施紧密相连,对于保障战略的顺利实施至关重要。

为了最大化流程的价值,战略规划层面需要深思熟虑和业务整合。通过直接对接业务战略,制定出流程战略规划,从而明确其显性化价值。在业务规划过程中,流程的价值体现在以下几个方面,如图 2-13 所示。

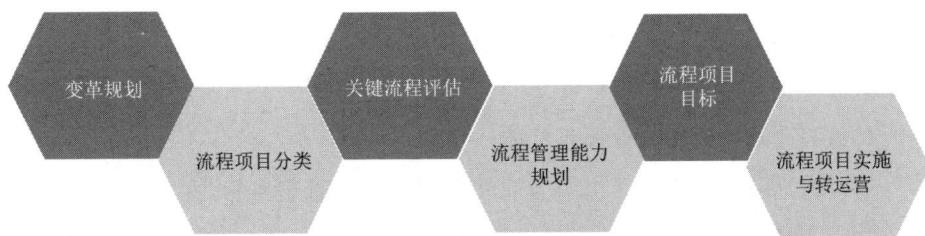

图 2-13　流程价值与战略规划

1. 转型举措与战略目标的协同一致性

企业层面的转型计划通过项目组合管理,形成一系列具有优先级的项目,以支撑企业战略目标的实现。这些项目的目标必须与战略目标保持高度一致。其中,流程和IT的转型变革会产生一系列的变革项目,这些项目的计划源于业务战略和IT战略的拆解,并需根据这两者的变化进行灵活调整。在变革项目管理过程中,项目的分类作为组织治理的一部分,为确定项目优先级和资源调配等决策提供有力支撑。

2. 战略关键流程的评估与改进计划的制订

企业的最终价值通过流程执行得以实现。与战略相似,流程战略需要选择那些能够支持战略目标实现的核心竞争力流程。这一过程就是对与战略目标紧密相关的关键流程进行评估。通过关键流程评估,组织能够将精力集中在最具影响力和潜力的流程上,这些流程与业务战略和客户目标直接相关,从而创造出流程管理的最大潜在价值。在战略规划阶段,需要明确哪些流程是保护的重中之重、识别阻碍目标实现的关键能力差距,并确定这些差距需要通过改进哪些流程来弥补。这些改进措施通常会形成具体的流程改进项目。

3. 业务流程与流程管理能力规划的融合

流程管理能力规划是内部能力建设规划的重要组成部分。任何组织都不是孤立存在的,需要与其他部门协同工作。特别对于像流程管理这样的能力部门来说,如果脱离业务主干,将无法生存。一方面,流程目标必须与战略目标保持一致;另一方面,流程目标的实现需要得到流程管理资源的规划支持,例如引入高效的流程技术工具、建立流程问责制以确保流程绩效的有效运作等。因此,在流程管理规划中,不仅需要制订关键流程的改进计划,还需要制定与之相匹配的流程管理平台能力规划。

4. 流程改进路线图与业务目标的一致性

流程改进路线图明确了组织当前和期望的流程管理目标,并随着时间的推移绘制出业务目标图,以推动项目优先级列表的制定。流程改进路线图需要与业务目标的优先级相匹配,并与组织战略的关注点保持一致。例如,当举措和变革项目的管理优先级较高时,流程改进计划中的高优先级任务就包括项目管理能力提升、流程评估等工作事项。

5.项目群/项目与业务流程目标、方案和过程的一致性融合

许多战略举措是通过项目实施的,但项目的性质是临时性的,结束后会转入运营状态。这涉及责任的移交问题,即从项目责任转移到流程运营责任,从项目负责人转变为流程负责人。只有完成这一过渡,才能达成价值的最终实现。因此,在变革项目实施过程中,需要识别受影响的流程,确保项目与流程之间的关联性,并在项目实施过程中完成流程的设计、实施和试运行工作,为后期的运营奠定坚实基础。

三、业务运营与流程价值

流程绩效与流程改进被视为业务运营的核心,战略目标的审视与实现正是通过这一闭环过程得以达成。流程改进的实施主要依赖于流程项目的推进,并建立相应的绩效指标以确保项目的持续成功。在业务运营过程中,流程展现出关键价值要素,如图 2-14 所示。

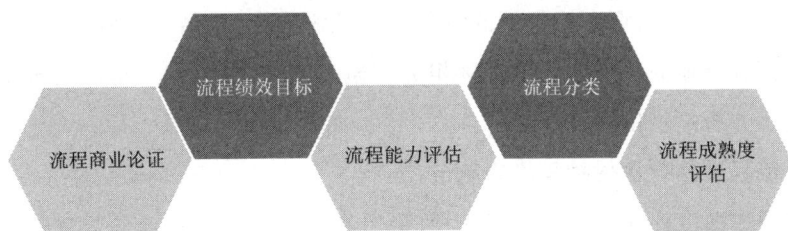

图 2-14 关键价值要素

1.流程项目的商业论证确保其投资价值

商业论证是对项目投资有效性的验证。简而言之,在项目获批之前,管理高层必须确认项目的投资价值。项目完成后所带来的收益需明确且尽可能量化。商业论证的核心内容即对项目收益的量化定义,未经认可的商业论证不应投入任何资源。同样,流程项目的商业论证提供了一种方法来确定其真正价值,因为只有当项目从一开始就确定了合理的范围、计划和成本时,才能实现预期的产出和效益。

2. 通过平衡计分卡实现业务结果与流程绩效目标的融合

利用平衡计分卡的指标分解,可以将公司层面的内部运营指标与各领域的运营指标相融合,实现自上而下的一致性管理。这一过程通过部门级联和流程框架的级联得以实现。在各组织层级中,如公司级、领域级、产品线、功能部门等都可以设计独特的平衡计分卡。同时,将平衡计分卡的财务、客户、内部运营和学习成长目标与组织的 L1、L2 和 L3 流程框架层级相对应。例如,收入目标对应到企业营销管理的 L1 流程目标上,从而实现业务目标、流程目标和活动目标的层层关联。这些不同层级的目标可以由相应管理层级的管理者进行日常业务监控和反馈。

3. 流程能力评估助力日常改进

流程能力评估矩阵通过评估流程的当前运作效率和效果,识别出具有显著改进潜力的流程。这种评估可以在日常业务运作中进行,可以由业务绩效监控触发,也可以是外部突出事件的触发点。

4. 流程分类明确改进策略

流程分类作为一种策略,明确了不同类型流程在组织中的定位以及与之最匹配的改进方法。例如,将组织的流程分为核心流程、支持流程和管理流程,其中核心流程与业务战略和目标直接相关。通过确认流程分类,可以为确定流程项目的优先级提供依据。

5. 流程成熟度评估指导战略制定

流程成熟度评估涵盖了如何开发、保留和管理企业所有业务流程能力的所有相关方面。这种评估可以与业务战略、流程战略和流程管理战略相结合进行,不仅能评估当前的流程成熟度目标,还能为制定下一年度的相关战略提供信息输入。

第二篇
流程战略价值：从战略到变革

第三章

从架构视角看流程：建立能力底座

架构代表了复杂系统的解决方案，这和把企业当作一个复杂系统来管理的概念是不谋而合的。业务能力是实现企业特定目标应该具备的特定能力，由于每个企业在不同阶段实现的目标是不同的，所以每个企业具备的核心业务能力也应该是不同的。本章从架构的视角展开流程价值的描述，包括流程分类框架、业务架构和业务能力的管理。

第一节　以价值为导向的流程框架

一、流程分类框架

谈及流程框架时，美国生产力和质量委员会（APQC）作为一家会员制非营利组织，不仅致力于最佳实践和知识管理，还研发了一种具有通用性的流程分类框架方法（PCF）如图 3-1 所示。PCF 适用于各类行业，被誉为全面的流程框架参考模型。它提供了一份详尽的清单，涵盖了组织中的关键流程，其中包括超过 1 000 个流程和活动。值得一提的是，PCF 在 20 世纪 90 年代初由 APQC 与世界各地众多行业的成员共同研发。从最初作为绩效改进项目的工具，到如今发展成为广泛应用的分类法，PCF 的通用术语使组织能够为其流程命名、组织和映射。

运营流程

| 1.0
构建愿景
和战路 | 2.0
开发和
管理产品
和服务 | 3.0
上市和销
售产品和
服务 | 4.0
交付实物
产品 | 5.0
交付
服务 | 6.0
管理客户
服务 |

管理和支撑服务

7.0开发和管理人力资本

8.0管理信息技术

9.0管理财务资源

10.0获取建造和管理资产

11.0管理企业风险合规整治和韧性

12.0管理外部关系

13.0开发和管理业务能力

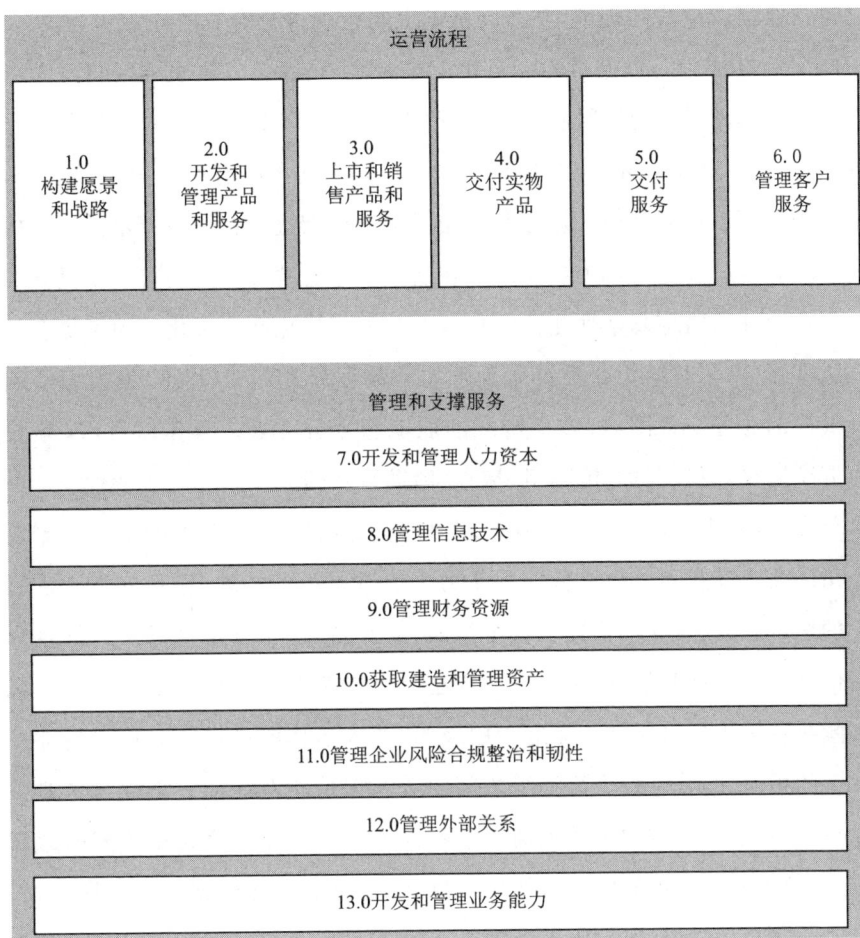

图 3-1 流程分类框架

PCF 是一个强大且灵活的框架，它提供了一种独特的视角来解读业务，即从横向流程而非纵向功能的角度。这一框架适用于各种规模和行业的组织，其核心目标在于使组织在定义、记录和交流业务流程时实现标准化。通过 PCF，组织不仅能够制定出具有针对性的流程定义，还得以深入理解各个流程之间的关系。这不仅为组织的流程分析、优化和绩效评估打下了坚实的基础，而且为其提供了客观追踪内部和外部绩效的工具，使其能够与各类行业组织进行有意义的对比。简而言之，通过使用PCF，组织不仅能实现流程的标准化和优化，更能深化对自身运营模式的理解,并在此基础上与行业进行有效的比较和竞争。

PCF旨在成为一个灵活的框架和全球标准,允许任何组织根据自身需求进行自定义。然而,这种灵活性也意味着组织在实施PCF时需要对其进行适当的定制,以适应其独特的环境和需求。虽然PCF未列出所有特定组织的流程,但每个组织都可以根据其核心业务和战略目标对框架进行扩展或调整。这一框架的灵活性和普适性使其成为各类组织在追求卓越运营过程中的有力工具。

企业管理的错综复杂性往往源自其业务的多样化和复杂化。为了更有效地驾驭这些业务,将其结构化显得尤为重要。流程分类框架(PCF)为组织呈现了一个横向的业务全景图,打破了传统的职能型划分方式。具体而言,PCF被细分为五个层级:流程分类、流程组、流程、活动以及任务。

首先,流程类是最高层级。这一层级的核心出发点是客户价值,它深刻反映了公司的商业模式和价值链特征。作为价值链层级的体现,流程分类紧密围绕企业的愿景和战略,详细描述了竞争策略、产品特性、服务定位以及目标客户等关键信息。基于这些信息,企业得以构建一个与其特征完美契合的运作架构。

紧接着是流程组层级。在这一层级内,业务运作的逻辑在流程组内部呈现出高度的相似性,并且各个流程组之间的关系保持相对简洁。流程组主要关注业务模式,属于业务域层级的范畴。它不仅描述了与商业模式相匹配的运营模式,还揭示了各业务单元的运营架构。例如,常见的业务模式包括营销模式、制造模式、采购模式以及客户服务策略等。同时,采购模式还可以进一步细分为第三方采购、自行采购、全球集中采购和区域分散采购等多种模式。

下一层级是流程。这一层级涉及的是一组重复执行、逻辑上相互关联的业务活动序列。这些活动将明确的输入转化为明确的输出,从而达成为客户创造和交付价值(产品和服务)的业务目标。基于业务模式,这一层级涵盖了每个业务单元的操作策略和工作逻辑的设计。例如,生产现场的物料配送方式、采购退换货规则、供应链计划的节奏以及财务付款的风险控制措施等都属于这一层级的范畴。

活动层级通过将流程分解为具体角色可执行的单元,实现了人员的专业分工。这种分工确保了每个角色都能专注于其擅长的领域,从而提高整体的工作效率和质量。

最后是任务层级。作为活动的进一步细分，任务层级更加关注于操作规程。在这一层级中，关注点聚焦于每个活动操作的规范性和合理性。通常会深入研究操作的动作，旨在使其变得更加简单而高效。通过这样的细化和优化，企业能够确保各项任务能够按照既定的标准和要求得到准确执行。

流程框架是业务流程的层次结构。在首次开发时，通常只需要两到三个层次的体系结构。随着时间的推移，根据需求，可以定义和详细说明更多的层级，以解决特定的组织绩效问题。每个流程都可以进一步细分为子流程，因此在理论上，这种层级深度是没有限制的。

实际上，企业内流程的层级划分并没有统一的标准。不同的企业活动对流程的颗粒度要求也各不相同。例如，战略制定流程每年只进行一次，所以它的颗粒度不需要特别精细。然而，生产运行流程需要实现操作级的精细化管理，所以要深入到解决特定问题所需的程度。简单说"我们要确定所有的流程"是没有实际意义的。要进行这样的工作，需要有充分的战略或运营理由来支持。

二、流程框架设计方法

在众多组织与其团队人员之间，常常观察到一种现象：战略、使命、愿景、价值观声明或同类声明，与实施战略的流程路径之间存在显著的鸿沟。战略制定通常是从上层开始的，是一种宏观的规划活动；流程管理和改进则往往从基层出发，更注重实际操作。然而，随着战略观念逐渐"下沉"和流程观念逐渐"上浮"，两者在交汇之前可能变得模糊不清。这种模糊性导致了一个"灰色地带"的产生，在这个地带中，战略失去了其明确性和目的性，流程活动则未能有效地融入整体的战略管理实践。

不幸的是，许多组织最终形成了两种截然不同的企业概念视图：一方面，战略可能包含战略主题和战略地图；另一方面，流程被塑造成价值链、流程框架和详细模型。这种分裂的视图，加上对战略和流程之间相互关系缺乏连贯的理解，往往导致战略执行不力，以及流程管理的效率低下。

制定战略意图声明（包括使命、愿景、价值观等）是一项极其复杂的任务，特别是利益相关者之间存在分歧的情况下。解决"我们为何存在"这一根本问题总是充满挑战,需要时间和深思。

多层次的流程框架,作为组织实施其战略意图的一种方式,能够全面展示组织如何为所有客户和其他利益相关者创造价值。框架中的核心部分定义了业务策略,而高层流程(及其子流程),尤其是核心流程,与组织的战略意图紧密相连。这种联系有助于清晰地理解战略的执行方式。与战略相关的具体举措可以被看作对相关流程的优化、变革,以及对流程绩效的测量和管理,如图 3-2 为某企业流程框架层级示例。

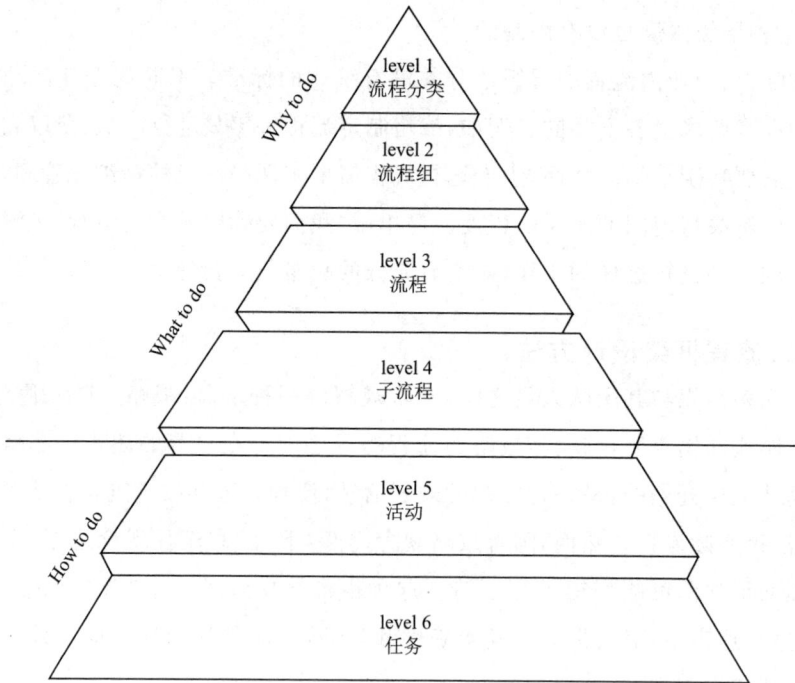

图 3-2　某企业流程框架层级示例

流程框架的开发和维护并非抽象活动,而是基于证据的流程生态系统改进的一部分。它为实现组织绩效目标提供了实用和有效的支持。此外,流程框架的开发和维护不仅为有效、持续的流程管理奠定了坚实的基础,而且使组织能够专注于真正理解如何执行其战略意图。

虽然不同组织的流程框架开发细节可能存在显著差异,但对通用方法的概

述有助于更好地理解此类工作的性质、目的和用途。一般而言,流程框架的开发包括以下六个关键步骤:

- 确定组织的重点;
- 了解组织的战略意图;
- 发现客户价值主张;
- 命名价值流;
- 将价值流分解为一级流程;
- 将一级流程进一步分解为二级和三级流程(根据需要)。

在确认组织的边界后,需要明确流程框架的范围是涵盖整个组织还是仅涉及组织的一部分。是否存在其他边界? 对愿景和使命的确认和审查,或其他战略描述的理解,是揭示客户价值主张的必要前提。组织打算向哪些客户提供何种价值? 还有哪些其他群体需要满足? 基于明确的价值主张,可以确定实施战略的最高级别流程。建议在所有层级使用动名词格式命名流程,例如"生成毕业生"或"创建和应用知识"。从流程框架的顶层开始,流程可以被逐级分解到所需的任意低级别。对于首次设计流程框架的情况,建议至少设计到第三个层级,以确保足够的详细性和覆盖面。

三、流程框架设计方法实践

下面介绍一种流程框架开发方法的实践,该设计方法展示到 L4 层级,如图 3-3 所示。实践中,颗粒度的设计只需满足业务管理的需求即可。

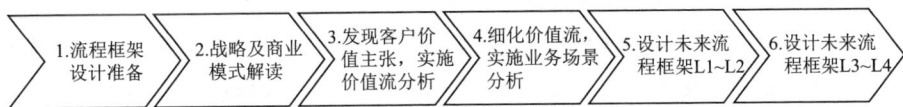

| 1.流程框架设计准备 | 2.战略及商业模式解读 | 3.发现客户价值主张,实施价值流分析 | 4.细化价值流,实施业务场景分析 | 5.设计未来流程框架L1~L2 | 6.设计未来流程框架L3~L4 |

图 3-3　流程框架设计步骤

1. 流程框架设计准备

在流程框架设计的准备阶段,需要进行全面而深入的分析和细致的准备工作。对于首次设计流程框架的组织来说,还需开展针对流程框架方法的培训和赋能活动。业务现状分析是这一阶段的核心任务,不仅涵盖传统的访谈和问卷调查,还要充分利用企业现有的流程清单进行系统梳理和深入研究。由于设计过程是基于业务实际和业务证据的,因此通过访谈、调研和文档的三角验证,可以加强对实际业务流程的深入了解,从而更加准确地评估组织的现状,为后续的流程框架设计奠定坚实基础。

除了传统的访谈、问卷等业务分析方法外,对企业现有流程清单的梳理和研读也是一种非常有效的方法。在这一过程中,可以基于不同的分类进行盘点和研读,例如基于组织职责的制度盘点、基于作业的流程程序文件盘点等。通过对业务单元现状流程清单的分析和汇总,可以全面了解公司整体的现状流程情况,进而为流程框架的设计提供全面的视角。

此外,标杆分析也是准备阶段不可或缺的一部分。通过参考行业内的流程框架参考模型或对标企业的流程框架,可以学习和借鉴先进的实践经验。例如,APQC 提供的 PCF 是一个非常实用的流程框架参考模型,针对不同行业也有许多成熟的流程框架可供参考,如供应链的 SCOR 模型、电信行业的 ETOM 模型等。这些模型和框架的引入可以为流程框架设计提供有力的支持和指导。

为了确保流程框架设计的顺利进行,培训和学习也是必不可少的环节。由流程管理卓越中心组织相关培训,内容应涵盖流程框架方法的讲解以及实际案例的分析,提升团队对流程框架设计的理解和应用能力。同时,让利益相关者参与进来也是非常重要的,通过让他们了解流程框架的作用、价值和后期应用场景,可以确保流程框架设计过程中的协同合作和顺利实施。

2. 战略及商业模式解读

了解组织的战略意图是战略解读的关键所在。需要明确的是,尽管战略并不直接属于流程框架的设计范畴,但它为流程框架设计提供了重要的输入和指导。战略解读的核心在于缓解战略与实际业务流程之间的脱节,确保两者之间的紧密关联和协同一致。

在战略解读的过程中,需关注多方面的内容。首先,从地域、产品、行业和客户等不同角度出发,全面分析公司未来的增长点所在,以为公司制定切实可行的发展策略提供有力支持。其次,明确公司的竞争战略和核心竞争力也是至关重要的。公司需深入剖析自己在市场中的定位以及与竞争对手相比所具备的优势，进而明确自身的竞争战略和核心竞争力。再者，独特的竞争战略和差异化路线也是关键所在。公司需明确自身的独特之处和差异化优势，以在市场中树立独特的品牌形象并为客户提供与众不同的价值。为了实现公司的目标，还需明确主要战略主题和关键战略举措，包括核心业务战略举措、组织架构调整举措、人才发展战略举措以及流程变革战略等，以确保公司在各个方面都能取得显著的进展和突破。

此外，业务组合战略、区域发展战略、客户发展战略以及管控模式等都与流程管理息息相关。它们为流程管理提出了特定的价值诉求和要求，因此在流程框架设计中需充分考虑这些因素，确保流程管理与组织战略的协同一致和有效实施。

3. 发现客户价值主张，实施价值流分析

在完成战略和商业模式的深入解读后，流程框架的专业设计正式开启。此阶段的首要步骤是进行价值流分析与设计，这是构建公司层级流程模型的重要基础。价值流从客户价值出发，深刻反映了企业的商业模式和价值交付过程。

基于企业的愿景和战略，可以清晰地描述其竞争战略、产品特性、服务定位以及目标客户群体。在此基础上，构建出与不同产品和服务相匹配的价值流，确保整个流程框架与企业的核心战略保持一致和协同。通过深入的价值流分析，可以发现并明确客户的价值主张，进而为后续的流程设计和优化提供重要的输入和指导。

4. 细化价值流，实施业务场景分析

在业务场景分析中，识别场景的分类是至关重要的。这些场景主要关注高阶业务分类，如产品分类、客户分类和销售模式等。需要明确不同的产品交付方式、客户类型以及销售模式，以便更好地理解和描述组织的业务活动。

这些业务场景分类的例子都与价值流的业务分类要素紧密相连。通过深入分析业务场景，可以进一步细化价值流，从而获得更详细、更全面的组织价值链视图。这样的分析不仅有助于更好地理解组织的业务活动和流程，还有助于发现流程中的痛点和改进机会，进而优化流程框架并提升组织效率和业绩。

5. 设计未来流程框架 L1～L2

在全面理解公司战略和深入分析业务场景的基础上，借鉴行业标杆的经验并正式启动未来流程框架的设计工作。首先需设计 L1 流程类和 L2 流程组,这是构建流程框架的关键步骤。在进行 L1 和 L2 设计时需结合价值流和业务场景分析对现有的业务场景进行抽象建模以确保设计的框架既符合实际业务需求又能支持公司的战略目标。

关于流程框架的分类方法有多种可供选择,例如 POS(规划、运营和支持)分类方法和 OSE(运营、支撑和使能)方法等。这些分类方法为企业级的 L1 流程分类提供了清晰的视角。对于 L2 设计则可参考使用流程分阶段的方法如 PDCA 法、生命周期法、对象转换法或分类树法等。这些方法有助于更细致地组织和理解公司的业务流程为公司的运营提供有力支持。

6. 设计未来流程框架 L3~L4

对于 L3 和 L4 的设计可以采用自上而下和自下而上相结合的方法。自上而下的方法承接 L2 的设计具体考虑步骤如下:

- 按照价值驱动因素定义业务场景和业务活动;
- 根据要求的业务结果确定所需的业务流程 L3;
- 定义完成业务结果的阶段,从而确定 L4;
- 分析各阶段的业务共性,识别通用的子流程 L4;
- 通过实际业务场景来验证各子流程的正确性和实用性,确保没有遗漏或需要单独定义的流程。

另一种设计 L3 和 L4 的方法是采用自下而上的策略。此方法的核心在于从最底层着手,逐步向上抽象出 L3 层级。由于底层流程对于大部分人员而言较为熟悉且易于理解,因此这种自下而上的设计方式更具直观性和可操作性。在设计和抽象 L3 层级时,可以充分借鉴和利用现有流程,并根据业务逻辑进行合理分组。同样,PDCA 法、生命周期法、对象转换法或分类树法等具体方法也可在这一过程中发挥重要作用,帮助设计者更加系统地梳理和抽象流程。

完成 L3 层级的设计后,需要将其与 L2 层级进行对比和校验。通过对比分析,可以发现可能存在的差异和冲突,据此调整子流程或整体流程设计,以确保各层级之间的顺畅衔接和逻辑一致性。这一过程不仅有助于提升流程设计的合理性和完善性,还能确保最终形成的流程框架更加符合实际业务需求。

图 3-4 总结了不同层级的流程设计具体操作步骤。

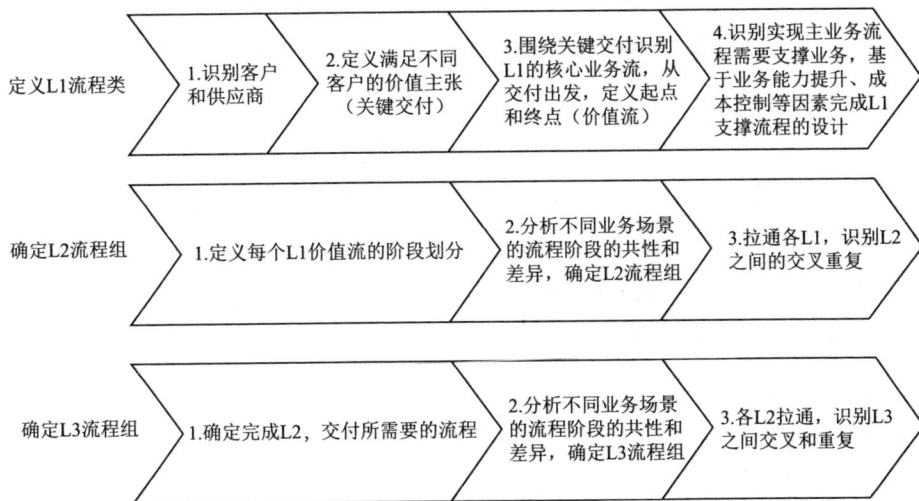

| 定义L1流程类 | 1.识别客户和供应商 | 2.定义满足不同客户的价值主张（关键交付） | 3.围绕关键交付识别L1的核心业务流,从交付出发,定义起点和终点（价值流） | 4.识别实现主业务流程需要支撑业务,基于业务能力提升、成本控制等因素完成L1支撑流程的设计 |

| 确定L2流程组 | 1.定义每个L1价值流的阶段划分 | 2.分析不同业务场景的流程阶段的共性和差异,确定L2流程组 | 3.拉通各L1,识别L2之间的交叉重复 |

| 确定L3流程组 | 1.确定完成L2,交付所需要的流程 | 2.分析不同业务场景的流程阶段的共性和差异,确定L3流程组 | 3.各L2拉通,识别L3之间交叉和重复 |

图 3-4　不同层级流程设计步骤

7. 验证流程框架设计方案,形成流程集成视图

在完成流程框架设计之后,为了确保其完整性和连续性,并且与价值流和业务场景分析保持高度一致,往往需要构建一个组织的总体流程集成视图。这一视图能够实现跨领域、跨层级的端到端流程无缝串联,从而直观地展现整个业务活动的全貌。通过这种方式,不仅能够凸显出业务的主线,还能够清晰地揭示出各项业务活动之间的内在关联。

在探讨和构建流程集成视图的过程中,常常会发现先前设计的流程框架存在不足或需要优化之处。因此,对流程框架进行必要的修订与调整是这一过程中的重要环节。这些修订和调整旨在确保流程框架更加完善、更加符合实际业务需求,进而为组织的稳健运营和持续发展奠定坚实基础。

四、流程框架设计评审要点

在流程框架的设计阶段,应坚守以下核心原则:

战略导向:流程框架必须充分反映战略和价值导向,从关键交付和价值实现的角度出发,明确核心业务流程的脉络,确保管理流程为核心业务提供坚实支撑。

业务完备:全面审视流程框架是否覆盖所有业务领域,无遗漏、无重复交叉,确保每项业务在框架中均有明确定位。从而确保职责明确、避免重复设计,更好地贯彻责任落地原则。

逻辑层次:流程框架的逻辑严谨性不容忽视。整体设计应展现清晰的逻辑层次,如规划、运作和支撑等分类明确。同时,要确保主线逻辑清晰,使架构使用者能够快速理解业务逻辑。

遵从规范:流程框架设计要遵从设计规范。通用性要求框架体现高阶共享与低阶差异的设计思路,最大化投资回报。规范性要求同样重要,包括遵循公司流程框架的命名、版本管理等规范,确保设计的统一性和可维护性。

适度超前:要求流程框架不仅满足当前业务需求,还要预见未来可能的新模式,具备引领性。

流程框架不仅是图表或展示工具,更是组织重塑的过程。流程框架的创建旨在助力组织高效创造、积累和交付价值,要使其成为组织的核心,须制订持续且周密的实施计划。组织、人员和团队必须积极参与框架的实践应用,确保框架与组织实际紧密结合。若其仅停留在理论层面,将失去实用意义。因此,利益相关者的理解和信任至关重要。

为使流程框架成为实用的管理工具,持续的沟通与解释至关重要。相关架构和文档应以易于理解的形式提供给各类利益相关者。同时,应创造交流机会,让人们深入讨论、质疑和理解框架在管理中的作用。通过一致的绩效报告和流程改进实践,使框架成为组织管理决策的核心依据。

在实际操作中,流程框架的维护工作同样重要。维护工作可自上而下或自下而上进行。自上而下的维护主要基于战略考量,涉及战略、业务模式、流程和操作的优化调整。自下而上的维护更注重确保操作流程与框架的一致性,使设计理念与实际操作需求紧密结合并得以有效实施。

为提升流程框架的组织效益,以下几点值得关注:

• 确保流程框架的可信度,使成员明确自身贡献的价值所在。

- 保持框架的实时更新，确保对组织的准确描述。
- 加强内部沟通，确保每位成员都能接触并理解框架内容，有机会提出疑问和建议。
- 鼓励框架的实际应用，避免其成为形式化的存在。

五、流程框架价值

流程框架作为流程管理的关键工具，在管理日常运营、做出战略决策以及为项目组合的形成、范围界定、目标设计和交付提供实际价值等方面发挥着重要作用。

1. 日常运营价值

（1）建立一致性语言，加强组织沟通

流程框架确保组织内部在沟通与理解上的一致性。通过标准化的流程描述，减少了歧义和误解，提高了工作效率。此外，流程之间的相互依存关系也在流程框架中得到明确定义，协调了不同流程之间的接口，避免了孤立流程改动可能带来的新问题。这种一致性的建立，促进了组织内部所有利益相关者的参与，使"谁是我们的客户，他们获得了什么价值？"这一关键问题的探讨更加深入，从而明确了组织的战略意图，实现了战略与业务流程的有效结合。

（2）关注价值，将组织改进重点放在价值交付上

流程框架关注价值交付，帮助组织明确流程改进的关键领域并确定其优先级。通过借鉴行业最佳实践，组织能够持续优化其业务流程。为了实现更好的流程管理和改进，组织必须对流程进行明确的定义、系统性的需求收集以及合理的分析。战略驱动的流程框架在这一过程中发挥着核心作用，深入揭示了组织的战略意图如何在业务流程中得以实现，并确保了关于流程可交付成果的一致性。因此，跨职能业务流程作为组织向客户和其他利益相关者传递价值的重要途径，其有效性得益于流程框架对价值路径的发现、定义和记录。

（3）建立基准，促进流程绩效，实现价值管理

流程框架建立了流程绩效的基准，促进了流程绩效的沟通和管理。通过定义、衡量、报告和讨论流程绩效，流程框架实现了流程绩效沟通的一致性语言。正确设计和执行的流程框架将包括有关如何测量和评估流程性能的重要信息，通过

与行业基准的比较,发现潜在的绩效差距和改进机会。这种比较提供了客观的衡量标准,有助于组织设定明确的改进目标。同时,流程框架还考虑了与战略相关的流程以及流程分析和改进活动的优先顺序,为组织提供了全面的流程管理视角。

(4)提供流程信息的存储库依据

流程框架作为流程信息的存储库依据,不仅提供了一个集中的位置来存储或链接所有流程信息,还作为流程信息的索引目录。通过流程门户网站,组织可以管理和查询这些包含在流程框架中的信息。这种集中化的信息管理方式促进了组织间的知识共享,使组织能够快速采纳其他成功实践,从而加速自身的发展。

(5)知识共享

流程框架促进了组织间的知识共享。在相同框架下共享流程信息,组织可以快速学习并采纳其他成功实践,不仅加快了组织的发展速度,还提高了其适应市场变化的能力。通过共享最佳实践和经验教训,组织在不断提升自身能力的同时,也为行业的发展贡献了力量。

2. 项目管理价值

(1)项目范围和目标分析

在流程优化项目中,利用流程框架的一个显著优势在于能够明确地界定项目范围。要理解项目的边界,即需要识别业务中即将发生的变化以及保持不变的部分,这是判断项目将对哪些流程产生影响的关键。流程框架的价值在于它提供了一种有序且统一的方法来评估这一范围。该框架通过层次结构来组织和汇总流程,将相关联的流程归为一组,从而便于评估项目对流程结构的影响,进而更精确地划定项目范围。

这种做法带来了两大明显好处:一是可以迅速估算项目的规模,只需查看项目将涉及的流程数量和复杂程度;二是能够设定清晰的范围边界,这是基于共同理解和协商的基准点来确定的,即明确了哪些流程可以根据项目需求进行调整,哪些流程不受项目变动的影响。这样的做法为项目组合经理提供了决策支持,确保他们能够在明确的参考框架内做出明智的选择。

此外,流程绩效信息对于理解项目如何实现预期效益也是至关重要的。流程框架能够展示项目计划变更的流程以及这些变更将如何影响相关的绩效指标。这为项目经理提供了一种有效的手段，使他们能够围绕预期的绩效改进来评估项目目标并设定合理的期望值。通过这种方式，流程框架不仅帮助界定了项目的范围，还促进了项目目标的明确和实现。

（2）项目影响分析

流程框架为精确理解项目将产生的影响提供了一种简洁且可重复的方法。基于项目在流程框架中的影响范围，便能迅速明确哪些具体内容将发生变化或需要替换。这一效率得益于流程框架明确了详细业务流程中哪些将受到影响。项目组合经理和决策者可以借助这些信息，快速识别项目对人员、活动和技术可能产生的潜在影响，因为这些要素都与流程框架紧密相连。

了解项目所影响的流程，有助于更深入地理解员工的角色和日常活动是否会发生变动，从而确定是否需要提供培训或工作指导。以软件支持变更为例，它可能会波及依赖该软件的相关流程。因此，利用流程框架评估项目影响，有助于全面把握软件支持变更对流程和技术产生的连锁效应。

在评估项目时，人们往往关注引入积极变革所需的投入和成本，即改变当前业务运行状况或引入新元素所需的费用。然而，淘汰现有技术和工艺所需的成本和复杂性同样重要。流程框架提供了一种有效的方法来评估这些退役流程的影响，否则这些潜在问题可能只在项目实施过程中才会暴露，届时可能已造成时间和预算上的紧张。

此外，项目之间的依赖关系分析也至关重要。流程框架通过展示流程间的相互作用，使得对这些内容的任何更改都能轻易地被识别为项目的依赖项。这样一来，提前管理和协调这些依赖关系就变得相对容易了。

（3）加速项目设计过程

使用流程框架的项目设计方法的一个积极效果是，项目团队可以受益于拥有一套完整的流程信息来加速设计过程。拥有一套可行且有效的流程框架意味着项目团队可以专注于交付项目成果，并确保自己针对的是正确的问题，而不是从头开始构建或重建大量的流程文档，节省了时间和资源。同时，这确保了项目团队在项目结束时交付的工作成果在架构中可用,无须进行大量的返工工作。

(4)项目投资组合分析

在管理项目组合时,运用流程框架的显著优势之一在于能够对大型项目组合进行有效的优先级排序和协调。随着变革需求在众多组织中不断涌现,同时推进的项目组合日趋庞大且复杂,这往往导致项目间出现不必要的重复劳动,以及关联紧密的项目在时间、资源和关注度上产生潜在的竞争。流程框架的应用在这方面提供了有力的支持:

- 根据流程框架的核心要素来安排待实施的项目,可以直观地展示哪些流程中拟议的工作量较为集中。这为决策者提供了洞察流程优化程度的机会,从而更易于识别潜在的冲突点。
- 通过遵循既定的范围和影响分析方法,项目组合能够及早了解项目,更深入地探究项目对流程的具体影响。这反过来增强了识别项目间潜在重复或竞争,从而在做出可能代价高昂的承诺之前就项目的范围和可行性做出积极的决策。
- 投资组合经理能够在更改流程时了解不同项目之间的关系。在为给定的业务流程同时提出多个项目的情况下,就项目的顺序做出决策;也就是说,这有助于他们确定项目的实施顺序,解决哪些部分必须先行以确保流程顺畅运行的依赖关系问题。
- 从更广阔的视角来看,流程框架还有助于决策者确定优先次序。通过评估效益的影响和规模,以及了解项目与关键业务流程的契合程度,他们能够更准确地判断哪些流程亟待改进,确定哪些项目将带来最大的收益。

第二节 以战略为导向的业务架构

一、业务架构

开放群组架构框架(TOGAF)定义业务为企业的盈利工作和经营活动,这些活动主要与销售产品和服务相关,旨在"销售产品、提供价值、获取利润",并为利益相关者创造价值。在这个定义之下,业务架构被认为是业务模型的描述和获取,重点关注企业的目标、激励、组织结构和能力,从而建立一套支持企业业务目标的运作管理体系。在 TOGAF 的视角中,业务架构是整个企业架构的基础,为应用架构、数据架构和技术架构提供指导,是企业战略计划转化为实际项目和日常运营的关键环节。它提供了一种业务层面的共识,有助于连接战略目标和战术需求。

另一个权威组织 CBA(业务架构师工会)也对业务架构进行了定义。该组织认为业务架构是一个企业蓝图,提供了一种通用的业务语言,用于连接战略目标和战术需求。业务架构旨在结构化地理解业务,其中最重要的是定义了业务架构组成的十个要素,包括核心组件和扩展组件。这些组件通过协同统一的映射方式,支持组织应对各种不同的业务场景,如推动传统业务现代化、投资分析、市场新产品或服务的推出、业务能力外包、供应链精简以及业务部门重组等。这样的架构确保了企业在各个层面都有清晰的方向和策略,从而能够更有效地应对市场挑战和实现长期成功。

业务架构的十个组件构成了其主体框架如图 3-5 所示。

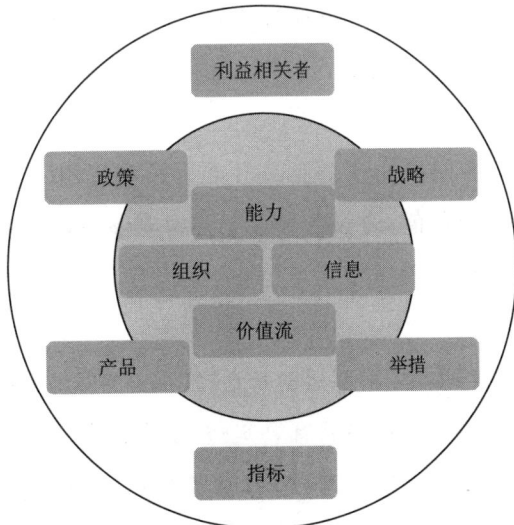

图 3-5 业务架构组件

- 能力(capability):定义了企业的核心功能和所能执行的行动。
- 价值流(value stream):描述了企业如何为其关键利益相关者创造和传递价值。
- 组织(organization):揭示了企业的内部结构和组织方式。
- 信息(information):明确了企业内使用的关键词汇和术语,以确保沟通的一致性。
- 战略(strategy):定义了企业在市场中的竞争策略和发展路径。
- 政策(policy):明确了企业决策的基础,影响着战略、投资和日常行动。
- 利益相关者(stakeholder):涵盖了所有与企业有直接或间接利益关系的内部和外部实体。
- 举措(initiative):说明了企业为实现其目标和愿景所采取的行动计划。
- 产品(product):列出了企业为客户或市场提供的产品和服务。
- 指标(metric):提供了一套评估企业业务表现的标准和指标。

业务架构是企业战略计划转化为实际项目和日常运营的关键。从战略层面看,业务架构充当着企业战略实施和转化的桥梁。它确保了企业的长期愿景和目标能够被分解为可操作、可执行的短期战术。通过这种转化,企业能够确保各业务单元与整体战略保持一致,从而最大化资源利用,提升整体运营效率。

在运营层面,业务架构关注企业的日常运作和管理。它详细规划了各业务单元的流程、职能和角色,确保在日常运营中能够高效地协调和沟通。通过合理的业务架构,企业能够减少内部摩擦,优化资源配置,进而提升整体运营效果。

总体而言,业务架构在战略和运营两个层面上,为企业的持续发展提供了有力支撑。它不仅确保了企业战略的有效实施,还为日常运营管理提供了清晰的指导和框架。如图 3-6 为业务架构支撑从战略到执行的过程,通过战略和运营这两个层面具体阐述业务架构如何实现这种转换过程。

定义业务

业务环境 商业模式 战略目标
解读

设计业务

价值流 运作 业务
与业务 模式 目标 能力
流程

开发业务

转型 变革优 转型 变革 项目
组合 先级 资源 路标 交付

运营业务

业务 绩效 持续 端到端
执行 评估 改进 管理

战略一致性

商业模式 战略目
解读 标解读

能力一致性

运作模 价值链分 业务能力
式设计 析与映射 匹配与
与分解 评估

指导转型与变革

业务举措 变革路 变革项目 项目管理
定义 标规划 实施 与治理
确认

价值交付

测量和监 开展流程
控高影响 分析与改进
流程绩效

目标一致性

目标 关键成 识别高
分解 功因素 影响流程
识别

从战略到执行

战略到举措的连接

目标到运营的连接

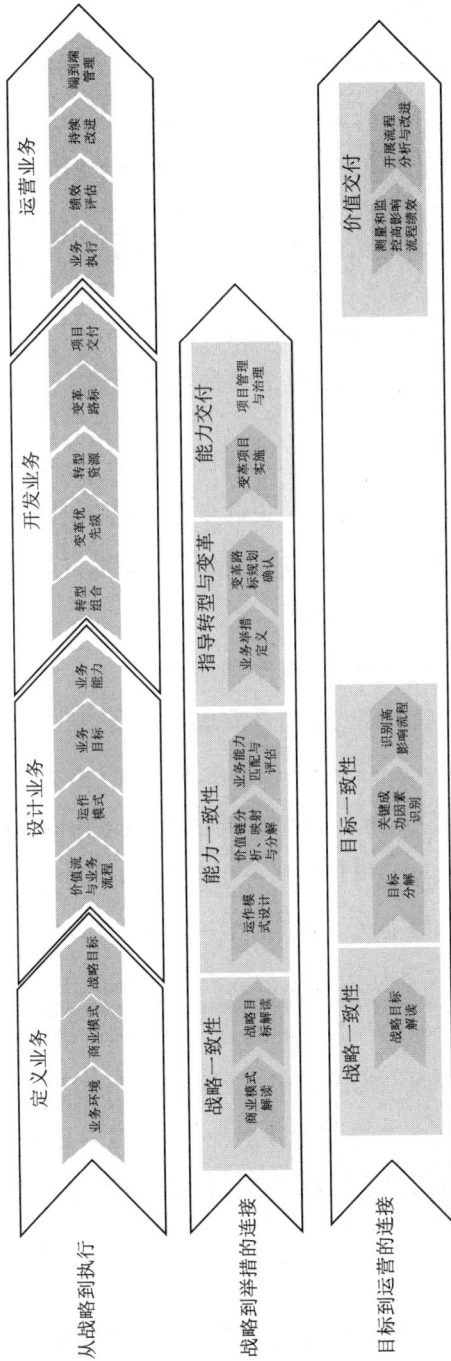

图 3-6　业务架构支撑从战略到执行的过程

二、战略到举措的连接

业务架构连接从战略到举措的过程如图 3-7 所示。

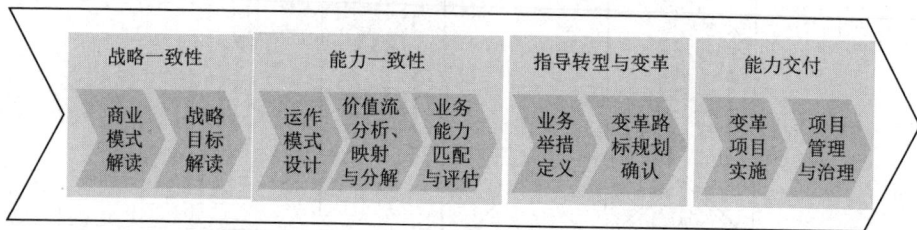

图 3-7　业务架构连接从战略到举措的过程

1. 商业模式解读

商业模式是组织战略目标达成共识的关键步骤。商业模式的核心理念包括创造价值、传递价值和获取价值,这三个环节是相互关联的具体内容如下:

- 创造价值:基于客户需求,提供价值方案。
- 传递价值:通过资源配置和相关行动来传递价值。
- 获取价值:通过一定的盈利模式来持续获取利润。

商业模式画布(business model canvas)是由亚历山大·奥斯特瓦德在《商业模式新生代》中提出的,它是一种用于描述、可视化和评估商业模式的通用语言。该工具由九个模块组成,这些模块包括价值主张、客户细分、渠道通路、客户关系、收入来源、核心资源、关键业务、合作伙伴和成本结构,如图 3-8 所示。这些模块帮助创业者清晰地定义如何为特定的客户群体提供独特的价值,从而催生创意、减少不确定性并确保他们找到正确的目标用户和解决问题的有效方法。使用商业模式画布时,需要按照一定的顺序进行:首先了解目标用户群,然后确定他们的需求(价值定位),接着考虑如何接触他们(渠道),以及如何实现盈利(收益流)。此外,还要确定可以提供帮助的合作伙伴(合伙人),以及根据综合成本制定价格。

2. 战略目标解读

战略是业务架构的要素之一,虽然它属于扩展要素的范畴。战略制定是战略管理的一部分，战略解读主要关注公司的使命、愿景、价值观的审视，以及未来的增长点、竞争战略、差异化竞争策略、核心竞争力，以及为实现公司目标所确定的主要战略主题和重点。在战略制定的过程中，需要进行目标级联管理，确保总部和各级业务单元的使命、价值观、聚焦重点、目标和关键举措的一致性和明确性。

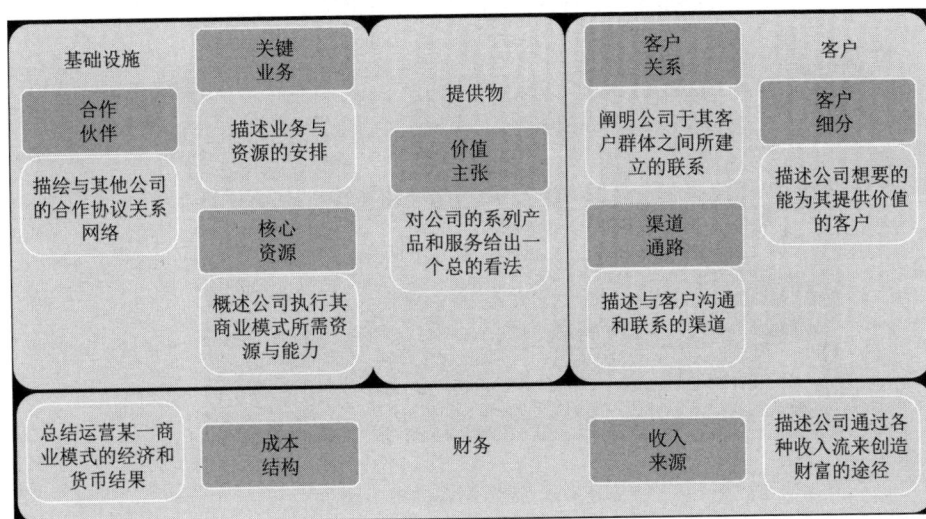

图 3-8　商业模式画布的九个模块

3. 运营模式设计

从战略到运营的成功转化依赖于创建一个能够实现所选战略的运营模式。运营模式侧重于企业如何向客户交付价值，并关注组织的日常活动和流程。对于企业主而言，拥有一个实用的运营模式是非常有用的。成功的公司充分了解其运营模式如何受到战略目标的影响，以及这些目标如何反映在关键活动和流程中。运营模式是一个抽象的、可视化的表示，展示了组织如何向其客户或受益人交付价值。它关注的是组织的实际运行方式，可以使用 POLISM 模型的运营模式画布（operation model canvas）可视化展示，如图 3-9 所示。运营模式画布扩展了商业模式的价值链、关键资源和关键合作伙伴，包含了价值主张、组织结构、信息系统、管理体系、供应商和地址六个要素。该工具展示了组织定义的主要工作流程,选择的组织结构,制定的 IT 系统高级蓝图,物理设施选址及布置,和供应商建立何种关系,以及设计何种管理系统并利用平衡计分卡来运行新组织。运作模式画布有助于创建与战略相一致的目标运营模式。

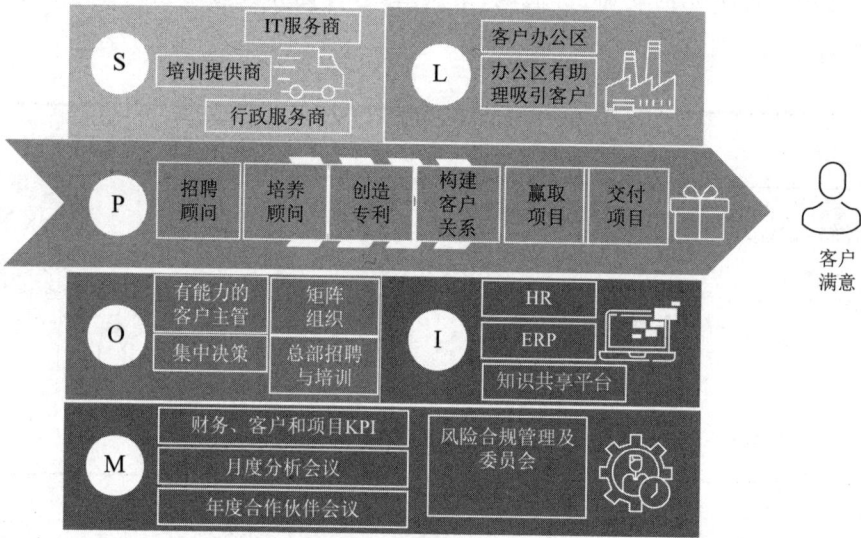

图 3-9　运营模式画布示例

4. 价值流分析、映射与分解

通过价值主张来演绎和构建组织的价值流是至关重要的。价值流的一个核心原则是价值始终是从利益相关者的角度定义的,即从客户、最终用户或工作产生的产品/服务的接受者那里定义输出和价值。所获得的价值在旁观者眼中更多地取决于利益相关者对产品、服务、结果或可交付成果价值的感知,而非其内在价值即生产成本。多条价值流可以映射为组织的价值链。

组织的价值链可以参考迈克尔·哈默提出的价值链模型。他认为每个企业都是一系列设计、生产、销售、发送和辅助其产品的活动的集合体。所有这些活动可以用一个价值链来表示。价值链将企业分解为与其战略相关的活动,表现为主要活动和支持活动流,以了解成本行为和(竞争)差异的现有潜在来源。

除了关注内部的主要业务流程外，还可以将重点放在识别外部客户活动上。这一步骤可以通过客户旅程分析来实现。客户旅程的概念由戴维·埃德尔曼和马克·辛格在《哈佛商业评论》中提出，是指消费者在选择并购买产品或服务时所经历的整个过程。客户旅程可以通过客户旅程地图工具进行分析，以描述客户在使用产品或服务时的体验、主观反应和感受。与内部的访谈和分析不同，客户旅程完全从客户的角度出发，关注客户从最初访问到目标达成的全过程而不是仅关注某个环节。客户旅程分析采用图表、故事板等方式直观地告诉各方客户在每个阶段的痛点以及在该阶段想要什么。一个完整的客户旅程应描述操作流程以及每个流程上用户的需求和感受，图 3-10 展示了一个客户旅程的例子。

5. 业务能力匹配与评估

业务能力是企业在运行其业务过程中所需的核心能力，代表着企业为实现特定目标或结果而具备的特定能力。这些能力应与商业模式和价值链直接对应，以确保与战略和业务目标的一致性。之所以说业务能力很关键，是因为它通过业务结果和价值来表达，此外，它还有助于确保业务与 IT 之间的协调统一。

开发业务能力的方法有两种：自上而下和自下而上。通过价值流的分解来实现业务能力的构建属于自上而下的方法。通过逐层分解价值流，可以构建一个全面的业务能力全景图，即业务能力地图，实现业务能力与价值流的对应关系。为了分析业务能力，可以使用业务能力热点图工具。这种工具的分析与评估有助于企业识别其当前状态与期望状态之间的差距，发现实现业务目标（价值流/价值链）所必需的关键业务能力增量，即与战略、业务目标和价值链相关的能力提升项。

6. 业务举措定义和变革路标规划

一旦完成了业务能力的评估，下一步是制定基于这些能力增量的业务规划，并确定具体的业务举措。基于能力的规划是一种非常有效的多用途业务规划方法，它确保业务计划能够自上而下地驱动企业，利用能力地图等技术来确定需要

	意识	考虑	决定	价值实现	维护
认知阶段	客户寻找合适的产品	客户权衡选择	客户准备购买	用户想从产品中获取价值	客户在产品使用过程中提出问题
情绪	忙着投入寻找解决方案的过程	积极寻求帮助	开始兴奋地使用产品	急于解决自身的问题	对于产品的功能和价值感到满意和高兴
机会点	告知和教育 解决方案 前期报价	建立信任 将产品定位为潜在的解决方案 展示产品	提供案例研究 比较成本和ROI 提供支持	沟通部署里程碑 安排培训会议 重定向至支持	· 积极收集反馈 · 协作确定功能优先级 · 交流最新情况和优势 · 培育一个活跃的社区
障碍	竞争性SEO关键词排名不高	缺乏提供价值的高质量内容	定价，缺乏产品知识	实现小惟利利需要很长时间	功能路线图与目标不一致
触点	网站 登录页 社交媒体广告 博客	电子邮件活动 网络研讨会 实时聊天 审查网站 社区	产品演示 辅助演练	现场环境 知识库 支持	· 现场环境 · 屏幕指南 · 知识库 · 支持
角色	市场	市场 售前	售前 解决方案 销售	客户支持 客户成功	· 客户支持 · 客户成功 · 产品
指标	· 潜在客户 · MQL · 线索漏斗比 转化率	· SQL · 收购成本 · 客户生命周期价值	· 交易关闭 · 收入/总销售额 · 交期 · 平均交易规模	· 用户人口统计 · 客户咨询 · 事务性数据	· CSAT · NPS · 续订 · 取消订阅率

图 3-10 客户旅程示例

增强哪些能力，将战略与组织架构紧密联系起来，并促进组织的转型规划与实施。此外，基于能力的规划还有助于实现 IT 与业务的对接，聚焦于业务价值的持续创造，以协同的方式实现业务价值的最大化，确保战略的一致性。通过分析、抽象和组合业务能力，可以明确所需的举措和项目实施路径。这些交付物将构成项目投资组合及能力路线图。

7. 变革项目实施交付

为了实现企业战略目标，需要进行一系列的变革项目。正如上面步骤阐述的，这些项目是经过精心规划和实施，以确保变革的一致性和组合效果。接下来就是在计划制订过程中，需要考虑变革的可行性和风险，以及如何有效地组合各种资源。还需要组建一支高效的项目团队，负责实施变革计划。在项目实施过程中，需要进行有效的沟通和管理，及时解决遇到的问题和挑战，需要确保变革项目按时交付，达到预期的目标和效果。

如上的步骤实现了战略到转型的一致性分析，通过这样的过程确保战略目标、运营模式、转型计划以及实施的一致性。

三、目标到运营的连接

业务架构连接从目标到运营的过程步骤如图 3-11 所示。

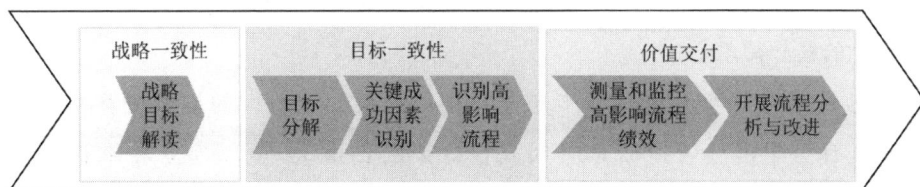

图 3-11　业务架构连接从目标到运营的过程

1. 制定平衡计分卡，解读战略绩效指标

在业务运营阶段，确保战略与运营的一致性同样是至关重要的，解读业务目标成为这一阶段的关键环节。业务目标在此阶段扮演着更为重要的角色，它们如同风向标和指示牌，指引着业务运营的方向。目标管理在这一阶段涉及"级联目标分解",要求总部与各级业务单元之间的业务目标保持上下承接的关系。

平衡计分卡是一个绩效管理工具,它的主要目的是帮助组织监测和管理战略目标的实现过程。该工具提供了一种系统化的方法来确定组织的关键绩效指标,并将这些指标与组织的战略目标紧密相连。平衡计分卡不仅关注财务绩效指标,还扩展到了非财务因素,如客户满意度、内部流程效率以及员工个人与组织的学习与成长。

战略管理的核心在于制定有效的绩效标准。在满足股东要求、客户需求以及履行社会责任等方面,企业需要设定相应的战略级绩效指标。这些绩效指标应与总体战略方向保持一致,并与具体的战略举措相互呼应。平衡计分卡正是实现这一过程的工具。许多企业将其应用于企业层级,但实际上,平衡计分卡可以通过层层分解,在各个领域和业务单元层级发挥其效用。

2. 将战略绩效分解到流程绩效

要了解流程管理如何作为普遍接受的运营方法与业务绩效相关联,并支持组织目标的实现,首先需要理解流程框架作为企业级管理工具的多重用途。流程框架通过层级结构定义了组织价值交付的重点,例如,第一层级代表价值流的关键环节,而价值体现的重要且普遍接受的方式是通过绩效来衡量。因此,借助平衡计分卡和流程框架各层级目标的对应关系,可以实现运营聚焦战略并保持一致性的核心需求。

图 3-12 是一个平衡计分卡与流程框架绩效匹配映射的框架概览。通过将平衡计分卡的绩效指标对应到流程框架的各层级,可以建立和维护各层级的流程绩效指标。这一做法在组织中维护了一个流程框架和绩效指标的匹配关系,形成了一个"绩效树"。这个"绩效树"的起点是各业务层级的明确目标。

通过这种匹配关系,可以确保组织的运营活动与战略目标保持一致,并有效地衡量和管理各层级的绩效。这样的整合方法有助于组织实现其长期和短期目标,促进持续改进和优化,确保业务流程与战略方向保持一致。

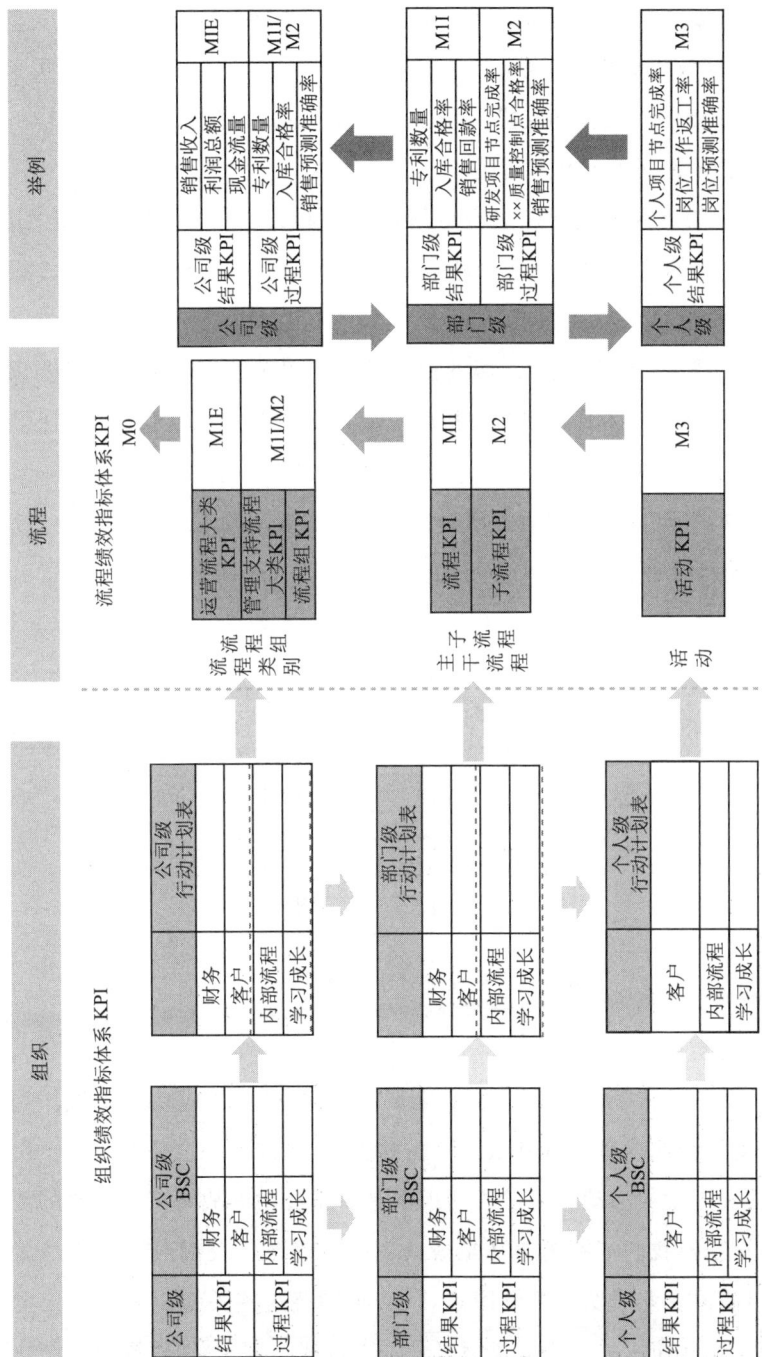

图 3-12　平衡计分卡与流程框架绩效匹配的框架

如何将战略绩效转化为流程绩效呢？下面提供了关键步骤作为参考：

首先，从战略绩效指标出发，深入分析其驱动因素。基于流程框架和这些驱动因素，识别出 L1 级的主流程和支撑流程。进一步分析这些流程的绩效指标，并进行汇总，形成 L1 级的流程绩效指标。

其次，将 L1 级的流程绩效指标进行分解，细化到 L2 和 L3 级别。结合 L1 级的绩效要求、L2 级的流程关系图以及输入输出的绩效要求，分析并得出 L2 级的流程绩效指标，并进行汇总。

最后，基于流程框架图、L2 至 L4 级的流程关系图以及输入输出的绩效要求等，进一步分析并得出 L3 级的流程绩效指标。同样的方法可以应用于 L4 级及更低级别的流程指标。

通过以上步骤，可以将战略绩效逐级分解到具体的流程绩效指标，确保组织的运营活动与战略目标保持一致，并有效地衡量和管理各层级的绩效，如图 3-13 所示。

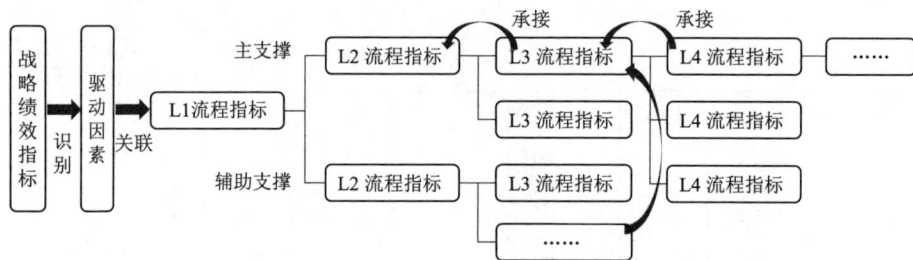

图 3-13　流程指标分解

3. 关键成功因素识别

关键成功因素法（key success factors，KSF）指的是对企业成功起关键作用的因素，描述了使组织或项目实现其宗旨所需的因素，是确保一个公司或一个组织成功所需的关键因素或活动。关键成功因素是对于成功的战略至关重要的要素。"为什么客户选择我们？"答案通常是成功的关键因素。关键成功因素法就是通过分析找出使得企业成功的关键因素，然后再围绕这些关键因素来确定需求，并进行规划。经常使用关键绩效指标来评估关键成功因素，通过提出更细化和具体的关键绩效指标（KPI）衡量关键成功因素的效果。以下是关键成功因素的一些示例：

- 客户满意度有所提高；

- 很好的服务；

- 客户反馈有所增加；

- 营销策略得到改进；

- 一个有能力和经验丰富的团队领导者；

- 敬业的员工；

- 项目遵循标准操作程序；

- 适当的风险管理策略；

- 项目团队有效沟通；

- 有效的项目管理。

4. 识别和维护高影响流程

高影响流程在组织中发挥着至关重要的作用，它们体现了组织的独特竞争优势和核心竞争力。这些流程是实现客户和组织核心目标的关键，与业务增长和组织未来的成功紧密相关。为了确保高影响流程的有效管理，建议将其维护在 L3 层级，避免过度细化。高影响流程在组织中的数量通常在 8~10 条。具体的识别方法将在后续章节中详细阐述。通过准确地识别高影响流程，组织可以更好地聚焦于这些流程，并对其进行有效的管理和优化。

5. 测量和监控高影响流程绩效

为了实现流程绩效的理想状态的监控和测量，应将其与组织的绩效管理政策和机制进行深度融合，这包括确保测量和汇报的节奏也要与公司的战略目标管理保持一致，从而在运作节奏上与公司紧密结合。为了有效进行流程绩效的测量和监控，可以使用各种工具，例如绩效数据看板。当然，在初期阶段，人工处理关键绩效数据也是一种可行的开展方式。通过将这些工具和方法与组织的绩效管理政策和机制相结合，可以更全面地监测和分析流程绩效，确保其与战略目标保持一致，推动组织的持续改进和优化。

6.应用业务架构要素,开展流程分析与改进

针对存在绩效差距的业务流程,组织需要开展多方面的业务分析,这些分析的要素包括指标数据分析、组织结构分析、角色能力分析、业务流程分析、与客户接触点分析、信息系统和数据分析以及政策规则分析等。通过选择重点要素深入分析和对比,组织可以明确流程优化或变革的方向。

流程绩效的测量和监控在流程管理中具有至关重要的地位,同时也是流程变革和改进需求的重要来源。当这些流程的绩效与业务目标存在显著差距时,组织应开始实施流程优化工作。在选择流程优化方式时,通常需要考虑与目标的差距、流程影响的范围、预期收益与风险以及涉及的技术手段的复杂性等因素。一般来说,对于 L1 层级的端到端价值流进行根本性改进和优化时,往往需要采取流程变革的方式进行。这样的决策能够确保流程变革与组织的长期战略目标保持一致,从而推动组织的持续发展与进步。

表 3-1 为应用业务架构要素分析的一个示例。

表 3-1　业务架构要素应用分析示例

主要发现	建议
KPI:主要以内部服务为中心的 KPI/指标	KPI:扩展 KPI/Metrics 以包括客户和销售的视角
组织:并非所有受影响的组织都参与了战略讨论	组织:与受影响的利益相关者一起审查架构方向
痛点:发现的 10 个系统问题造成了 3 个主要客户痛点	痛点:解决未来状态设计中的主要客户痛点
业务流程:流程没有标准化,也没有考虑到所有业务场景	业务流程:标准化业务流程,优先考虑与通信相关的业务流程
接触点和渠道:上游和客户自助/数字渠道的代表性不足	触点和通道:在未来的状态设计中考虑所有触点和通道
能力:与客户沟通不能产生广泛的影响	能力:制定强有力的客户沟通战略
应用程序/系统:其他系统受到影响	应用程序/系统:评估对与问题相关的所有系统(输入和输出)的影响
政策/规则/法规:许多法规与客户身份、尽职调查和隐私有关	政策/规则/法规:使用最佳专业知识,确保风险和控制得到解决

第三节　流程结果驱动的业务能力

一、业务能力

业务能力，或称"能力"，按照组织 the open group 的定义，指的是业务执行任务的能力，它不涉及具体的地点、原因或方式，仅关注任务的完成。这种能力是组织在履行其核心职能时所必需的能力资源和专业知识的集中体现。它代表了企业为开展业务所需的全套核心能力，从业务的角度出发，为实现特定目标或成果而可能拥有或交换的特定能力。

业务能力为企业提供了多维度的业务规划视角。在 TOGAF 框架内，业务能力通过角色、流程、信息及工具的有机结合得以实现。它为企业呈现了一个独立于当前组织结构、业务流程、应用系统以及产品或服务组合的业务全景图。在业务架构体系中，业务能力的核心作用在于系统性地揭示企业业务最为核心的功能。

业务能力展现出分层的特性。分层是将业务能力在类别和层级上进行划分和归组的过程，旨在为不同的利益相关者提供不同层次的视图，从而增强其可理解性。以制造业的产品交付流程为例，其中涵盖了订单交易、物流库存、结算支付、售后服务等管理环节，这些环节所衍生出的能力构成了顶层的业务能力，并可进一步细分为下层的具体业务能力。例如，物流库存能力可细分为在途运输管理、网络规划、运输工具管理和仓库管理能力等。不同的角色往往会关注不同层次的能力。

借助 IBM 提出的基于组件的建模（component based modeling，CBM）方法，业务能力可进一步分为纵向和横向两个维度，见表 3-2。这种方法为理解和组织业务能力提供了有力的工具，进而有助于企业更加精准地规划和管理其业务。

表 3-2　业务能力分为横向和纵向两个维度

业务能力	市场	生产	研发	行政	人力资源	财务	信息化
战略规划	市场规划	生产规划	研发规划	行政规划	人力资源规划	财务规划	企业 IT 规划
管理控制	营销年度计划和控制	生产年度计划和控制	研发年度计划和控制	行政年度计划和控制	组织体系年度计划和控制	财务年度计划和控制	企业 IT 年度计划和控制
	销售年度计划和控制	生产专项计划和控制	研发项目计划和控制	行政专项计划和控制	人力资源专项年度计划和控制	财务专项计划和控制	企业 IT 专项计划和控制
操作执行	销售项目管理	生产项目管理	产品研发管理	资产管理	组织工作	投融资管理	企业IT项目管理
	客户管理	进度管理	软件研发管理	行政和工程	招聘管理	税务管理	企业IT建设项目
	产品管理	生产管理	研发项目管理	事务管理	培训管理	核算管理	企业IT硬件基础设施
	竞争对手管理	安全管理	研发需求管理	采购管理	薪酬管理	资金管理	企业IT软件基础设施
	市场管理	委外管理	硬件研发管理	合同管理	绩效管理	成本管理	企业IT运维建设

该模型在横向上将业务能力划分为三个明确的职能层次:战略规划、管理控制和操作执行。同时,在纵向上,它涵盖了企业创造价值的各个领域,包括市场、生产、研发、行政、人力资源、财务和企业 IT 等方面。这些层次由不同层级的管理者负责,各自承担着独特的职责。

- 战略规划:主要涉及企业高层管理者的职责范围。在这一层面,主要任务是明确战略方向,制定总体方针和政策,以确保企业长期发展的正确方向。
- 管理控制:中层管理者负责的范畴。其主要职责是将战略规划转化为日常运营管理,监督和管理相关的业务和技术指标,确保企业运营的高效和稳定。

- 操作执行：具体操作和执行的活动层面，注重作业效率和处理能力。通常以任务的形式进行分解，以确保各项操作的有效执行。

在业务能力分析方面，存在多种方法。其中，自上而下的分析方法首先聚焦于最高级别的业务能力，然后将其逐步分解为更为详细的子能力。这种方法的有效实施需要强有力的治理结构和高层管理者的支持。与之相对的是自下而上的分析方法，它从业务的各个组成部分出发来定义业务能力，并逐步归纳和构建。虽然这种方法相对耗时较多，但它能够提供更深入的业务洞察。在实际应用中，也可以采用上下结合的方法，将自上而下和自下而上的方法相互补充，以提炼出更为完善的业务能力模型。

无论采用何种分析能力的方法，都需要考虑一系列重要的信息因素，如商业模式、价值链、价值流、组织结构以及当前的业务战略计划等。这些因素能够为企业提供全面的业务能力和需求洞察，从而为后续的规划和管理决策提供有力支持。

实际操作中业务能力与业务流程既有联系又有区别，见表3-3。

表3-3 业务能力与业务流程的联系与区别

项目	业务能力	业务流程
建模	通过热点图表示并区分能力的状态	通过流程图表示
要素	组件：角色、目标和目的、能力要求	组件：输入、输出、活动、客户、供应商、目标等
层级	1级能力、2级能力、3级能力等，能力通常从3级流程开始	L1流程类、L2流程组、L3流程、L4活动、L5任务
分类	战略能力、管理能力和执行能力	运营流程、支撑流程和管理流程
表现形式	体现在组织、流程和IT	体现在组织、角色和IT
价值	强调复用	强调跨部门和端到端
识别思路	从价值链开始，也可以直接使用流程架构识别	识别从不同客户、产品和服务模式开展
管理思路	围绕功能和服务开展设计和管理	围绕客户和价值主张开展设计和管理
战略关系	能力应用与战略、举措相关	流程优化可以和战略、举措相关
目标关系	和目标相关，为了满足目标，业务应该具备什么能力，属于静态描述	和目标相关，也和产品服务相关，为了完成业务目标，业务应如何执行，属于动态行为

二、业务能力评估矩阵

不同的业务能力具有不同的重要性,这种重要性取决于组织所追求的具体目标。为了指导投资决策,可以将特定的业务能力与每个业务目标相关联。业务目标—能力评估矩阵是一种目标驱动的工具,旨在评估组织的业务能力的价值。

首先,从战略目标出发平衡计分卡是一种公认且可视化的组织战略目标建模方法,通过四个视角——客户视角、内部视角、学习与发展视角以及财务视角,来协助组织实现其愿景,如图 3-14 所示。将所需的业务能力与这四个视角相结合,平衡计分卡能够明确指出哪些业务能力有助于组织实现既定的业务目标。

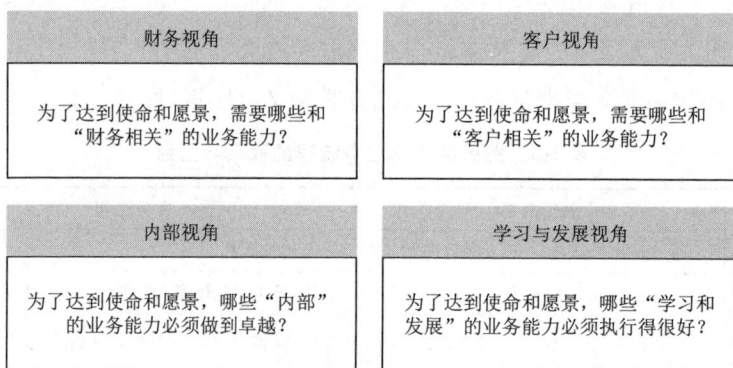

财务视角	客户视角
为了达到使命和愿景,需要哪些和"财务相关"的业务能力?	为了达到使命和愿景,需要哪些和"客户相关"的业务能力?

内部视角	学习与发展视角
为了达到使命和愿景,哪些"内部"的业务能力必须做到卓越?	为了达到使命和愿景,哪些"学习和发展"的业务能力必须执行得很好?

图 3-14　平衡计分卡的四个视角

在分层业务能力图中,业务能力被进一步划分为核心业务能力和支持业务能力。这种分层结构为企业调整能力提供了一种常见的方式。在选择业务能力时,应重点考虑那些实现业务目标所需的业务能力。

其次,业务领导者需要确定每项业务能力的重要性或"价值"。这可以通过使用业务重要性评估工具来完成,这是一种简单而有效的方法,能够从多个业务领导者处收集信息。评估过程可以由每个业务领导者独立完成,或者由业务架构师通过访谈来获取相关信息。表 3-4 是应用业务重要性方法评估业务能力的一个示例展示。

表 3-4　业务重要性方法评估

业务目标:通过与主要杂货店合作,扩大到新的地理市场,增加我们组织的收入。

指示:对于下面显示的每个业务能力,结合实现所述业务目标的重要性进行排名。

业务能力	业务重要性		
示例	低	中	高
财务视角			
• 9.1 计费		×	
• 9.5 审计、控制和监督	×		
• 12.1 合同管理			×
客户视角			
• 3.1 线索开发与管理	×		
• 4.2 品牌管理			×
• 4.3 市场调查			×
• 5.1 投诉管理			×
• 6.1 供应商关系管理	×		
• 6.5 合作伙伴关系			×
内部流程视角			
• 2.1 产品规划		×	
• 2.2 研发			×
• 6.1 采购	×		
• 6.2 存货质量控制			×
• 7.1 客户订单管理		×	
学习与成长视角			
• 10.1 员工培训			×
• 2.3 配方管理			×
总结	低:4	中:3	高:9

　　最后,评估结果以报告的形式呈现。一种常见的报告方法通过比较业务价值与绩效水平来创建一个矩阵,如图 3-15 所示。这个矩阵有助于确定需要先关注的关键领域。通过绘制业务价值与绩效水平矩阵图,可以深入分析哪些能力需要改进、哪些能力需要更多的投资或关注,以及如何根据组织的战略或运营计划对业务能力进行投资排序和优先级划分。此外,这个矩阵还可以作为规划和

优先级对话的输入,帮助突出绩效约束和瓶颈,并为改进提供明确的指导方向。

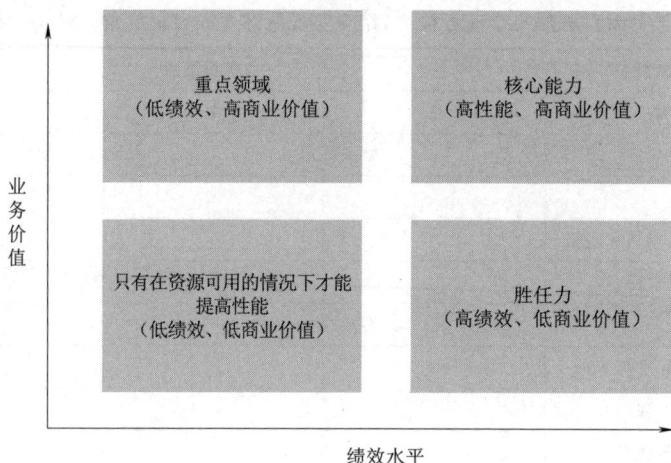

图 3-15　业务能力重要性评估

三、业务能力评估步骤

业务能力评估是一个基于事实的过程,用于确定组织的优势和劣势,以及其实现战略目标的准备情况。这一评估有助于企业识别当前状态与期望状态之间的差距,从而帮助识别可能限制组织实现业务目标的因素,发现促进增长的商业机会。此外,它还使管理层能够确定需要改进的领域,为投资规划和优先顺序的确定提供依据,以实现预期目标。

首先,进行当前状态评估。这一步骤描述了组织当前业务能力概况,分析了当前能力的优势和劣势。例如,XYZ 公司当前业务能力概述显示在实体店方面具有很大的影响力,但在线和移动端能力尚不成熟。其优势包括门店高端客户参与度、高品牌知名度和高效供应链管理。然而,也存在一些弱点,如过时的在线和移动平台、缺乏个性化的客户互动。这些能力差距主要体现在提供客户个性化服务的能力有限、缺乏移动支付选项以及跨渠道体验不一致等方面。

接下来是未来状态评估。这一步骤确定了组织未来所需的业务能力,分析了能力差距及其对业务运营的潜在影响,根据战略业务目标确定了未来能力需求的优先级。例如，XYZ 公司未来的能力要求包括跨渠道无缝的客户体验、改进的数据分析和更灵活的支付选项。但是存在一些能力差距，如线上和线下体验的集成有限、客户数据的个性化使用有限以及支付灵活性不足。所以，个性化、支付灵活性和移动优化被确定为首要任务。

在评估过程中，应前瞻性地说明能力差距，尽可能具体地描述所需的未来能力状态，并使用与衡量当前状态绩效（也称为"成熟度"）水平相同的尺度。此外，能力差距说明应以行动为导向，在可行的情况下，使用 SMART 指南编写。

最后，制订行动计划。根据能力差距说明，应提出解决能力差距和提高业务能力的举措。每项举措的拟议时间表和预算说明应与战略业务目标保持一致。例如，XYZ 公司的拟议举措包括投资全渠道平台以整合线上线下体验、实现客户数据平台以达到更好的个性化、增加更多支付选项（包括移动支付和先买后付选项）。执行工作将在两年内进行，总预算为 500 万元。这些拟议的计划与XYZ 公司改善客户体验和推动收入增长的战略目标保持同步。

通过这一系列的评估步骤，组织可以更好地理解其当前和未来的业务能力状况，识别需要改进的领域，并制订相应的行动计划以实现战略目标。

具体业务能力评估操作步骤如下：

步骤 1：确定要评估的业务能力

在开始评估之前，首先需要明确要评估的业务能力范围。有两种选择：一是选择业务能力框架内的所有业务能力进行全面评估；二是仅选择组织认为最重要的业务能力进行重点评估。

步骤 2：创建一个标准度量单位

为了确保评估的一致性和准确性，需要创建一个标准度量单位。这是评估过程中至关重要的一步，它确保了所有参与评估的人员使用相同的标准来衡量业务能力的水平。建议使用三点量表和五点量表混合的方法，这种方法结合了三点量表的简单性和五点量表的完整性和可靠性。通过这种方式，受访者能够更明确地选择最能反映当前业务能力状态的选项。如下为业务能力绩效属性量表：

- 1—强痛点；
- 3—始终如一地提供所需的业务绩效；
- 5—公认的领导者。

步骤 3：评估高级别业务能力

可以按照角色、流程、技术和信息的维度完成高级别的业务能力评估。一旦完成表 3-5 中的高级别的评估，就可以更深入地了解值得关注的业务能力。

表 3-5　业务能力高级别评估

角色	流程	技术	信息	总分
1-资源不足或缺乏； 3-资源充足，技术娴熟； 5-资源充足，技能高超	1-临时； 2-有时候一致； 3-一致； 4-可测量； 5-持续改进	1-难以使用或经常出错； 3-支持业务需求； 5-有助于提高能力的效率	1-所需信息不可用； 3-信息可用，但难以收集； 5-信息易于获取	/
1	1	3	1	1.5

步骤 4：确定评估对象

在确定评估对象时，有三种选择：一是将广泛的受影响个人纳入评估范围（包括组织内外）；二是仅包括与规划投资决策相关的内部小组；三是涵盖一系列内部人员以获得更广泛的视角。

步骤 5：进行评估

进行评估时，应根据参与人数和具体情况选择合适的评估方法。实施评估时，应保持受访者之间的一致性，确保评估过程的公正性和客观性。参与者的回答应受到保密，评估人员应在需要时要求澄清，但不应"面对"答案。

步骤 6：报告结果

评估完成后，报告结果的方法有多种。其中一种常用方法是创建业务能力热点图，如图 3-16 所示。这种图表可以直观地展示业务能力水平，而无须对每个业务能力的业务重要性进行评估。此外，还可以创建一个简单的图形来显示当前状态评估结果，为进一步讨论和制定期望的未来状态奠定基础，如图 3-17 所示。

如下为两种展示方式的示例：

- 1＝差；
- 2＝有问题；
- 3＝表现良好；
- 0（或其他颜色）＝不存在；
- 无分散＝未评估。

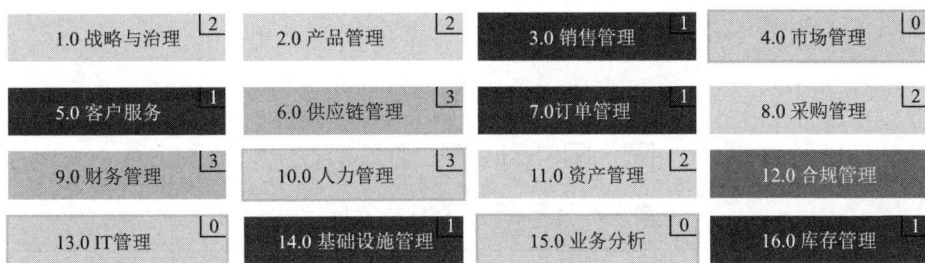

1.0 战略与治理 ²	2.0 产品管理 ²	3.0 销售管理 ¹	4.0 市场管理 ⁰
5.0 客户服务 ¹	6.0 供应链管理 ³	7.0 订单管理 ¹	8.0 采购管理 ²
9.0 财务管理 ³	10.0 人力管理 ³	11.0 资产管理 ²	12.0 合规管理
13.0 IT管理 ⁰	14.0 基础设施管理 ¹	15.0 业务分析 ⁰	16.0 库存管理 ¹

图 3-16 业务能力热点图

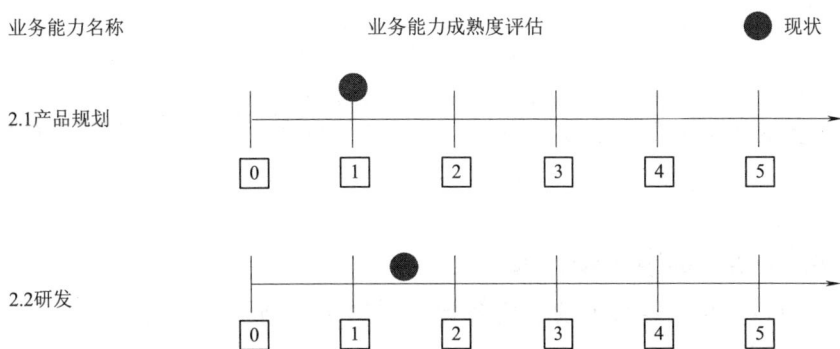

图 3-17 业务能力评估差距图

步骤 7：获得业务一致性

在获得业务能力评估一致性方面，如果发现业务能力的绩效水平存在大量分歧，建议与主要利益相关者举办研讨会。通过集思广益和深入讨论，可以达成共识并确定未来的改进方向。

步骤 8：使用评估结果

最后，利用当前状态评估中获得的信息，可以推动关于如何缩小当前状态和未来状态之间差距的对话。这有助于识别具有改进潜力的业务能力并制订相应的计划。此外，通过能力评估矩阵的应用，可以更准确地识别特定流程当前的运作情况，从而确定具有显著改进潜力的流程。

以定义产品组合业务能力为例，这一能力的评估包括人员、流程、技术和信息四个方面，如图 3-18 所示。

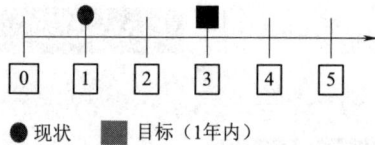

● 现状　■ 目标（1年内）

阶段	人员	流程	技术	信息	总分
现状	2	2	3	1	2
目标	3	3	4	3	3.25

图 3-18　业务能力评估结果

业务能力定义：将产品集成到一个连贯的产品组合中，专注于解决客户的问题或利用已知的市场机会。

四、评估后的下一步计划

• 人员：需在指定日期前确定各地区首席架构师并完成新产品规划流程培训；

• 流程：邀请首席架构师提供对产品规划流程草案的意见并重新设计和引

入新产品规划流程；

- 技术：完成新产品规划系统的部署和测试；
- 信息：确保系统在指定日期前加载了所有现有产品信息。

通过这些具体的步骤和计划，组织能够更全面地评估其定义产品组合的能力水平并制定相应的改进措施。

第四章

从规划角度看流程：规划对齐是一切的源头

企业目标管理始于规划，属于战略管理的内容。在当前的商业环境中，目标管理不仅仅包括企业财务经营目标的闭环管理，还包括了企业转型规划，这是企业为了适应内外部快速变化，实现长期成功和业务增长的关键。转型规划启动了企业的变革之路，从业务转型的复杂度可以分为大型的流程变革规划和中小型的流程改进规划，这两种规划都需要和业务转型规划保持一致性，也就是保持战略一致性。

第一节　业务转型规划

业务转型计划是一个文档，它概述了组织改变运营方式的战略并制订行动计划。这通常包括指明组织内部的个人或团队需要就变革类型达成共识，以增强公司实现特定业务目标的能力。以下是几个关键要素，通过它们可以确保组织转型获得具体成果：

1. 确定目标和目的

在开始转型计划之前，企业必须首先清晰地界定其目标和目的。这些目标须与组织的整体战略保持一致，并应针对关键挑战或机遇。目标必须符合SMART标准，即具体、可衡量、可实现、相关和时间限定的。

2. 进行现状评估

有效的评估现状是转型中的关键一步，涉及对组织现有流程、技术、文化和人才的评价。SWOT 分析能够揭示需要改进或优化的领域。此阶段中，关键利益相关者的积极参与和反馈至关重要。

3. 制定举措路线图

随后，需要制定一个综合的转型路线图，考虑到组织独有的需求与挑战，并为其未来行动提供清晰指引。具体的措施可能包括流程的优化、技术的部署、组织的变革以及人才发展策略。

4. 配置合理资源

企业必须为转型计划分配适当资源，包括财政支持、技术投资、技能人员和变革管理资源。伙伴和合作关系的确立也可能帮助企业获得所需的专业知识或其他资源。资源需求应被仔细评估，确保在资金、技术基础设施和人才方面具备实施转型计划的能力。

5. 制定转型时间表

建立一个清晰的转型时间表至关重要，以确保问责并跟踪进展情况。清晰的里程碑和截止日期有助于定期监测与报告进展，保持项目按计划推进。此外，全组织范围内的沟通与透明度对保证一致性和参与度起着关键作用。

6. 定义成功的衡量标准

没有明确的成功衡量标准，将难以判断转型是否取得预期效果。对关键绩效指标(KPI)的确定与定义应当与组织目标一致。这些绩效指标包括财务指标、客户满意度、运营效率或员工投入度等。对这些 KPI 定期进行监测与分析，有助于评估转型的有效性。

制订业务转型计划是一个动态的战略过程。企业需要通过明确目标、全面评估、详细规划、合理分配资源、设立时间表以及定义成功衡量标准，从而导航成功的转型之旅。此过程不是一成不变的，计划的灵活性以适应市场的持续变化是必要的。

推荐的方法之一是使用企业架构工具来详细规划未来的企业架构。目标企业架构不仅提供了一张组织及技术资产未来运作模式蓝图（TOM），还确立了执行新战略所需的框架。这个确立的架构包含了多样的构建模块，包括业务能力、功能、流程、信息、组织结构、品牌和技术资产，每个模块都有其独特的特性，并需互动协作完成转换。值得一提的是，每个组织都有其独特的企业架构，不论其是否经过有意识地设计或是否已有文档记录。

目标企业架构可以细分为三个主要领域：一是关注业务架构，包括业务流程、组织、知识和文化的深入研究；二是聚焦信息技术资产再细分为数据、应用、技术和安全四个维度；三是涉及至关重要的基础设施，如制造工厂、仓库和配送中心的运作。一个具体目标架构的差距分析如图 4-1 所示。

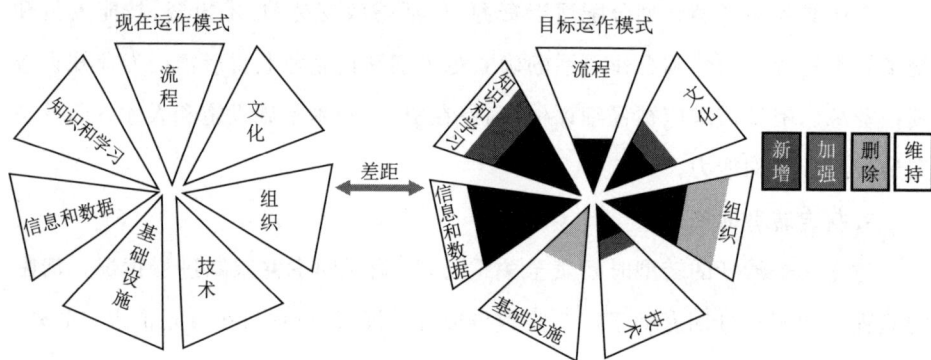

图 4-1　企业架构差距分析

在制订转型计划的过程中，通过比较当前与目标企业架构的差距后形成各构建块及建议，企业应针对各构建块重新整合成一系列项目集和项目，并依据时间顺序安排优先级，确保所有转型项目产生的收益最大化。提出的转型项目是源于战略制定过程中确定的战略举措，它们是一类特殊的项目，旨在支持组织转型并实施新策略。依据项目管理协会的定义，项目是"为创建独特产品、服务或成果而进行的临时性工作"。这种临时性体现在项目的持续时间可能不同，实践中一些项目可能需持续数年或数十年才能完成。尽管如此，每个项目都明确且有始有终。一旦项目的目标达成或因故中止，便宣告项目结束。

绝大多数项目是为了产生持久的社会、经济或环境利益而设立。即便那些涉及相同活动、流程和可交付成果的项目，每一项也都是独一无二的。项目可能涉及组织内的一个或多个单位，或多名成员。不同于组织的日常运作，项目工作夹杂着不确定性，并且其成果各不相同。因此，项目结束之时也标志着回归到组织例行的流程运作。

第二节　流程变革规划

在当前商业环境中，组织制订转型计划时，流程变革计划这一新型规划方法应时而生。实质上，这种规划可以视为一系列项目的集合，尤其是当公司开始将流程视为核心资产时。虽然不同公司制订流程变革计划的实际操作各有不同，但存在几个共同的关注点。首先，流程变革计划应基于业务战略，它不是独立存在，需要与业务战略计划紧密相连。以下是制订流程变革计划的几种有效方法：

一、分阶段瀑布式演进与合作

在这一方法中，公司可以采取以下两个并行的规划路径：

- 业务规划路径：由业务单元主导，基于战略目标进行业务规划，制定关键业务举措。

- 专业分析路径：由流程和 IT 人员主导，依据流程成熟度评估，识别关键的业务能力差距，结合日常需求分析，最终确定所需的变革组合。

业务规划路径输出基于业务目标的业务举措，专业分析路径输出基于业务能力的流程与 IT 关键行动项，结合业务目标和能力，将这两条路径的项目组合进行整合和优先级排序，形成最终的流程变革规划项目。这个过程由于有两个并行独立的规划主体，最终流程变革规划的形成过程其实是流程 IT 规划与业务规划一致性校对的过程。从战略一致性模型（SAM）的观点来看，这样做的企业希望流程与 IT 技术在一定程度上可以牵引业务或者为业务提供独立的服务。

二、深度融合迭代式开发与整合

在此方法中,业务单元在进行业务规划的同时,需与专业部门协作,制定流程及IT规划,这对业务部门的战略整合的能力提出较高的要求。在确定业务战略目标的同时,还要考虑相应的流程变革举措以支持业务目标的达成。这种方法的关键是业务单元需要自行综合地演绎出实现战略目标的变革举措,包含可独立管理的变革、流程和IT计划。

此类业务计划的构建需要与流程IT专业部门深度合作,过程中需要不断地进行整合和校正。这是一种团队合作式的规划方法,规划团队中的"领导者"负责整体的业务规划整合和输出,"成员"则支持各个专业领域的协作和校对。这种策略促进了规划过程的快速整合和敏捷迭代,加速了战略演绎过程,同时确保了目标的一致性整合。同样从战略一致性模型(SAM)的观点来洞察这种规划方法,本质上是业务规划牵引流程与IT规划,流程与IT的规划从属于业务规划,支撑业务目标的达成。

业务规划和变革、流程与IT规划的相关关系如图4-2所示。

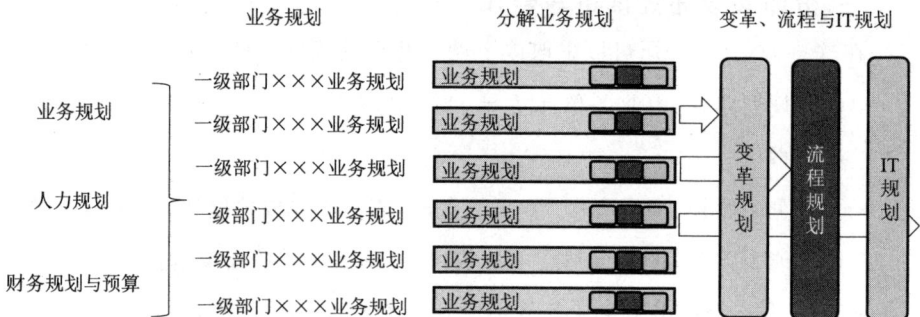

图4-2 流程变革规划关系图

为了确保流程变革规划的有效实施,还有一种辅助规划:流程与IT能力规划。此类规划关注流程IT领域内的产品规划,专业方法的引进和推广,以及技术基础设施的打造。实例包括引入SAP系统、敏捷方法或搭建云服务等。其核心目标,在于从公司治理层面推动各业务单元收益最大化。

类似于业务规划,能力规划的构建过程可以与成熟度评估相融合,如

CMMI成熟度或流程管理成熟度评估，以确保其综合性和有效性。流程及IT能力规划不仅要设立关键行动，也需要构建明确的里程碑，这些里程碑能够指引企业应对未来规划实施过程中可能遭遇的挑战。

通过采用这一战略性方法，企业能够更有效地推进流程变革规划的成熟化。表现之一是流程变革规划能够从业务规划中独立出来，形成自己的流程、方法和团队的独立体系。这种做法确保了流程变革与业务战略之间紧密衔接，从而促进组织持续进行改进和创新。

第三节　流程改进规划

流程的价值体现在其与日常业务管理过程的紧密结合上。流程规划需回答两个核心问题：为了实现战略目标，业务流程的哪些环节需要改进？改进的程度如何？同时还需确定谁将负责这些改进措施及绩效管理的职责。

流程规划的设计应以业务战略和转型为出发点，结合流程成熟度的目标进行制定。每个业务单元都应制定符合自身特点的流程规划，识别与战略密切相关的关键流程，并监控流程绩效，以确保流程执行的效率和质量得到保障。以下是某个业务部门流程运营规划的一个示例。

（1）**目标与愿景**：通过优化关键业务流程，提高业务效率和客户满意度，实现业务增长目标。

（2）**关键流程识别**：

• 订单处理；

• 售后服务；

• 采购与供应商管理。

（3）**绩效指标**：

• 订单处理时间；

• 客户满意度；

- 采购成本降低率。

（4）**改进措施：**

- 引入自动化系统提高订单处理速度；

- 加强售后服务团队培训，提高服务质量；

- 与供应商建立长期合作关系，降低采购成本。

（5）**责任人及时间表：**

- 订单处理流程改进：张经理，2023年12月完成；

- 售后服务流程改进：李经理，2024年6月完成；

- 采购流程改进：王经理，2024年12月完成。

（6）**监控与评估：** 每季度进行流程绩效评估，调整改进措施以确保实现目标。

（7）**持续改进：** 鼓励员工提出改进意见，持续优化业务流程。

通过这一详细的流程规划示例，示例的业务部门能够明确自身改进的方向和责任人，确保实现战略目标。同时，该规划还有助于提升业务流程的执行效率和质量，推动业务持续发展。

除了流程改进规划，公司层级的流程规划和管理要求也需要传递至业务单元。同时，业务部门也需配合完成流程IT的能力规划。表4-1为一个流程规划内容的例子。

表 4-1　流程规划内容示例

序号	一级任务	二级任务	负责人	关键输出物	计划开始时间	计划完成时间	状态
1	流程规划						
1.1	全领域流程架构优化	架构视图、卡片评审发布	×××	流程架构视图、卡片、流程文件	×××	×××	×××
2	变革和流程改进项目						
2.1	LTC 流程优化	1.1管理市场流程改进项目	×××	项目计划、流程设计方案，流程文件等	×××	×××	×××
		1.2管理商机变革项目	×××	项目计划、变革计划、架构方案、流程设计方案，流程文件等	×××	×××	×××

续上表

序号	一级任务	二级任务	负责人	关键输出物	计划开始时间	计划完成时间	状态
3	流程文件						
3.1	服务领域关键流程清单发布		×××	流程架构视图、文件及制度规范	×××	×××	×××
3.2	营销领域关键流程清单发布		×××	流程架构视图、文件及制度规范	×××	×××	×××
4	流程执行、监控与评估						
4.1	全领域流程遵从性测试	季度遵从性实施	×××	测试方案、整改记录表、测试报告	×××	×××	×××
4.2	关键流程绩效监控	OTC流程绩效监控	×××	KPI清单及分析报告	×××	×××	×××
4.3	流程成熟度评估	流程成熟度评估策划	×××	领域流程成熟度评估报告	×××	×××	×××
5	流程文化建设						
5.1	流程知识培训与认证	收集培训需求并制订培训计划	×××	流程管理知识培训需求及计划表	×××	×××	×××
		培训实施，课程学习与考试	×××		×××	×××	×××
5.2	年度公司变革评优	变革评优	×××	评优报名表及材料、答辩材料	×××	×××	×××
6	流程管理工具平台建设						
6.1	流程建模平台	供应商选型、工具导入	×××	供应商评估报告、导入计划等	×××	×××	×××

　　综合考虑流程IT专业管理的视角，规划工作主要涉及以下类型：与业务转型紧密相关的流程变革规划，包括公司级和业务单元层面的变革项目组合；与日常运营直接相关的流程规划以及与之相辅相成的IT规划；与流程管理能力及

IT 技术基础设施能力密切关联的能力建设规划。这些规划工作都遵循"级联"原则,即应根据不同层级,如公司层级、业务领域层级和业务部门层级,进行细分和执行。

所有类型的规划关系如图 4-3 所示。

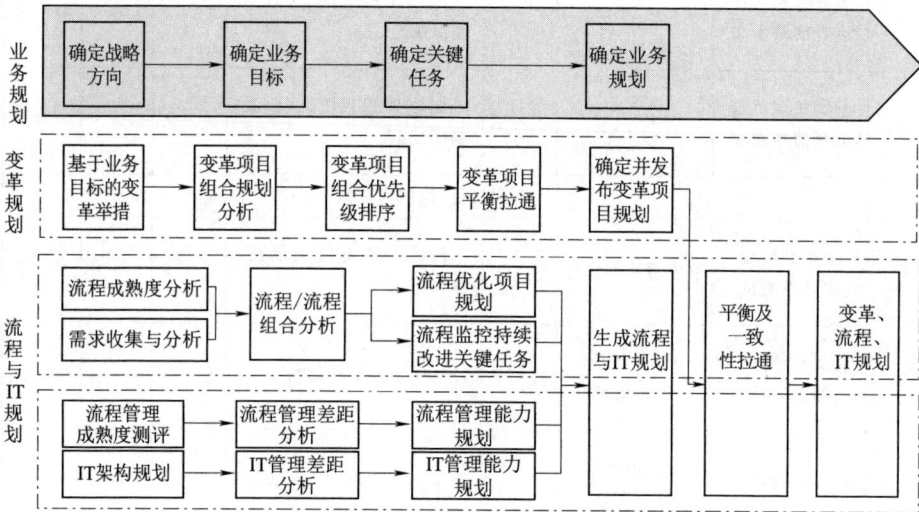

图 4-3　各种规划演绎图

第五章

从组合角度看流程：优先级的选择

在流程组合管理中，组织需对整个流程集进行连贯处理，从而实现业务整体改进，而不是单个流程的简单改进。这种管理的基础在于建立一个完善的流程框架以及明确的流程分类原则。采用这样的策略，可以确保优先识别并改进对整体业务提升贡献最为显著的流程。选择流程分类原则时，可以考虑以下要素：

（1）战略影响度：流程对业务结果的影响力各不相同，其执行成果可能会对战略目标达成、客户范围和业务范围产生不同影响。战略影响度评估应涵盖流程带来的正向价值和潜在的负向风险。优先关注对战略影响较大的流程，关键成功因素与战略目标的关联程度能够用于确定流程的影响力。

（2）流程成熟度：流程成熟度和流程能力直接相关，会对业务成果产生直接影响。通过流程成熟度评估可以识别出需重点管理的流程，有效补充业务能力上的不足。

（3）流程独特性：独特性是衡量流程重要性的关键指标。那些使企业在竞争中脱颖而出的独具特色的流程能够创造出难以模仿或超越的客户价值。

（4）流程绩效：通过流程绩效监控，可以发现哪些流程能够满足利益相关者的业务目标，以及哪些流程表现不稳定，从而为改进提供方向。

（5）流程类型：流程可以依照战略性、运作性和支持性来分类；或者根据外部客户、外部利益相关者及监管部门、内部员工等不同的对象来分类。不同的分类关注点不同。

第一节 识别高影响流程，建立流程改进组合

流程影响评估的主要目的是识别组织中对业务目标的达成具有高影响力的流程，并据此对流程和项目进行优先级排序可以更好地执行战略。

为何需要对流程进行优先级排序？研究显示，组织中用来建立竞争优势的流程仅占所有流程的 5%。这意味着向客户提供的产品或服务时，仅有 5% 的流程真正区别于竞争对手。另外，仅有 15% 是支持企业竞争优势的核心流程。这又意味着，将近 80% 的流程属于常规流程，20% 的流程对于企业来说是高影响流程。所以，流程影响度评估的核心观点是，高影响流程的作用是连接业务战略与实际执行的重要纽带，是实现业务战略的关键环节。这些流程不仅包括那些直接驱动价值的流程，也包括支持核心竞争力的流程。而常规流程，有时也被称为商品流程，虽然对组织来说并非核心价值驱动，但仍然是必要的存在，这些常规流程通常可以采用行业标准或通用实践就可以满足业务目标。因此，通过流程影响评估，组织可以更清晰地了解哪些流程对实现战略目标具有高影响力，从而合理地分配资源、制定优先级，确保转型和改进计划与整体战略保持一致，流程分类如图 5-1 所示。

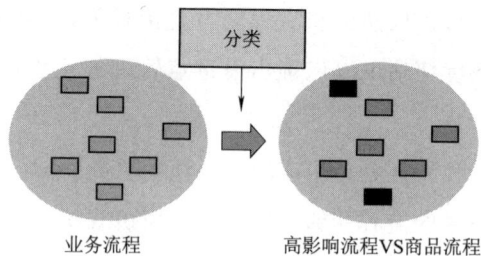

图 5-1 流程分类

高影响流程是组织竞争优势和核心竞争力的体现，它们与客户需求、组织核心目标和战略实施息息相关，直接影响业务目标的达成，与业务增长和未来的成功紧密相关。这些流程不仅直接创造业务价值，还支撑着其他流程的运作，尽管它们仅占组织所有流程的 20%。例如，京东的当日送达物流体验赢得了客户的

赞誉，据此保留了大量的客户，因此仓储和运输流程被视为其高影响流程；瑞幸咖啡因其联名营销策略而备受瞩目并提升了市场占有率，所以营销流程可以被认为是其高影响流程。

一、流程影响评估方法

流程影响评估的原则是优先改进"高影响、低成熟度"的流程，因为这类流程对战略有重大的影响，但当前的绩效表现低于行业平均水平，因此具有巨大的改进潜力。流程影响评估是一种策略，旨在确保组织的流程和项目根据其战略重要性进行优化排序，保证转型和改进计划以及连续性管理与业务目标及战略紧密对齐。此方法倡导构建一个反映组织战略需求的价值驱动型项目组合，强调从确定战略优先事项到实现价值交付的整个过程的透明性。

图 5-2 为流程影响评估方法的具体内容如下：

（1）识别价值驱动因素：这些因素来源于组织的业务战略，可以使用价值驱动因素树模型进行确定。

（2）评估流程：包括评估流程影响度，即区分高影响流程和普通流程，和评估流程的成熟度。

（3）制定优先级并规划流程价值包：基于上述评估结果，确定改进优先级，识别最具价值的改进机会，并制订相应的计划。

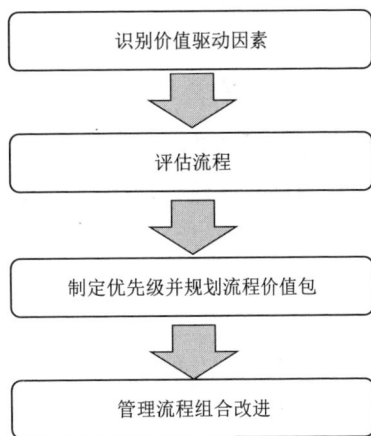

图 5-2 流程影响评估方法

（4）管理流程组合改进：通过持续监控和改进计划的实施，确保实现所期望的价值。

二、识别价值驱动因素

价值驱动因素的识别可以使用价值驱动因素树的方法。价值驱动因素树方法允许将组织的战略意图转化为价值驱动的业务目标。该方法首先确定业务优先级和业务目标,即公司总体方向下的重点关注领域。随后,通过构建价值驱动因素树,识别出与每个业务目标相关联的多组价值驱动因素,并将战略意图转化为运营关键目标。

为了确保后续优先级排序活动的顺利进行,建议将价值驱动因素的总数控制在 8 个到 12 个。业务优先级、目标和价值驱动因素之间的相互关系可以通过示例价值驱动因素进行清晰展示。

然而,仅列出这些必须"做对"的事不足以揭示它们各自的相对重要性。为了解决这个问题,可以根据每个价值驱动因素对实现商业战略的重要性来为其分配相对"权重"。所有价值驱动因素的权重之和应该等于 100%,以确保全面而准确地反映战略意图。确定这些权重的一种实用方法涉及关键利益相关者的参与。例如,可以为每个利益相关者分配选票,允许他们将选票分配到不同的价值驱动因素中。随后,可以将每个价值驱动因素获得的投票数转换为相应的权重。

通过这种方式,组织不仅能够识别出关键的价值驱动因素,还能够了解它们在实现战略目标过程中的相对重要性。这有助于组织更加聚焦、高效地分配资源和制订改进计划,如图 5-3 所示为价值驱动因素识别的示例展示。

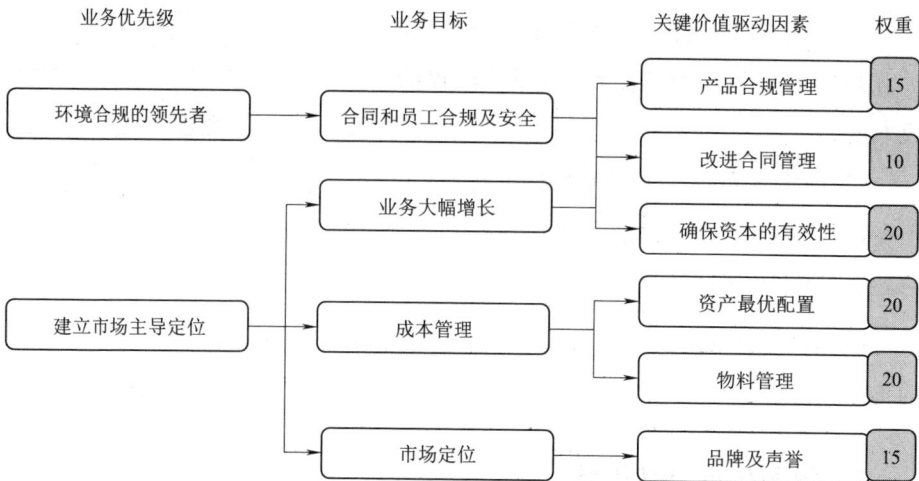

图 5-3　价值驱动因素识别示例

三、流程评估：识别影响度和成熟度

流程评估涉及两个方面：流程影响度评估和成熟度评估。流程影响度评估的目的是识别组织中的高影响度流程。为了明确流程对组织目标价值驱动因素的影响，建议利用流程框架采用层次分解的识别方法，这里建议从 L3 流程开始。在评估过程中，每个 L3 流程对每个价值驱动因素的影响程度被划分为无（0）、低（1）、中（2）、高（3）四个等级。

针对每个 L3 流程，汇总所有价值驱动因素的影响程度后，关注那些对价值驱动因素具有最高加权影响的流程。通常，这部分流程约占组织所有流程的15％～20％，它们被认定为高影响流程。其他流程被视为普通流程。值得注意的是，在实践中，有时会遇到一些处于模糊地带、既非高影响力也非普通流程的情况。在这种情况下，最终的确认结果需要基于管理层的决策来确定。

流程成熟度级别旨在区分流程应用实践是基础水平还是达到了卓越标准。通过对现状成熟度及预期的未来成熟度进行评估，流程成熟度评估有助于为组织在流程改进方面的工作明确优先顺序。

首先，要明确流程的当前成熟度重点评估流程在日常操作中的绩效表现、流程的稳定性和可靠性以及流程是否充分利用了信息技术。通过合理评估和打分，可以了解流程运行的实际效果。其次，要设定未来期望的成熟度目标。期望的成熟度不仅基于当前的战略目标和业务需求，还考虑到行业趋势、技术创新和市场动态等因素。最后，通过比较当前状态得分和未来期望得分，可以确定哪些流程在成熟度方面存在较大差距，从而最需要改进，这些流程可能正是阻碍组织实现战略目标的关键因素。

结合流程影响度和成熟度评估结果，识别那些对业务战略影响大但成熟度较低的流程，这些流程应被赋予改进计划的最高优先级。

利用流程框架，聚合形成 L2 和 L1 的流程评估，就可以全面确定企业级的流程优先级。这种评估方法不仅提供了组织运营模式成熟度的整体视图，还可以帮助快速了解组织的转型需求。流程评估为流程项目提供了详细信息，这些信息对于指导组织的转型或业务连续性工作至关重要。通过这些信息，组织可

以实施最有利于其当前战略的流程改进措施。

表 5-1 是高影响流程评估的示例展示。

表 5-1　流程评估过程示例

高影响流程

流程			产品合规管理 15%	改进合同管理 10%	确保资本的有效性 20%	资产最优配置 20%	物料管理 20%	品牌及声誉 15%	影响度评估 100%	成熟度评估		
Level 1	Level 2	Level 3								现状（成熟度）	目标（成熟度）	差距
	×××	×××	2	3	1	1	1	1	1.3	4	6.5	2.5
		×××	1	1	3	3	2	1	2	1	5	4
×××	×××	×××	1	1	1	1	1	1	1.1	4	6	2
		×××	3	2	2	1	1	1	1.6	6	7	1
不同层级的流程			2	每个价值驱动因素对于L3流程的影响		1	2	L3流程影响度评估		L3流程成熟度评估		3

四、制定优先级并规划流程价值包

一旦完成流程影响度和成熟度评估，便能明确哪些流程对组织的业务战略影响大，以及哪些流程具有大的改进机会。这些关键流程随后可通过适当的项目进行改进，这些项目可被视作"价值包"如图 5-4 所示。价值包主要分为两类：核心价值包和使能价值包。核心价值包直接改善流程，使能价值包则间接支持流程性能的改进。例如，建立必要的数据清理工作就是典型的使能类价值包。

每个价值包可以被细化为一系列可管理的项目，其时长通常为 3～6 个月，并要明确规定其对业务流程的影响。一个价值包可能涉及一个或多个业务流程。它的定义基于对相关活动、预期结果、业务价值和时间、资源及所需工作量的具体描述。这些价值包通常与流程组合存在映射关系，而流程组合是用于识别具有最高优先级的业务流程的一种方法。提供了一个价值包定义的示例。

项目应按照项目管理的方式进行开展，而 PMI 和 Prince2 等项目管理方法提供了良好的管理框架。价值包的优先级应根据其交付的价值和所需资源投入进行排序。工作量可根据提高成熟度所需的预期资源进行预估，这一预估通常从粗略的高级估算开始，后续可根据需要进行细化。

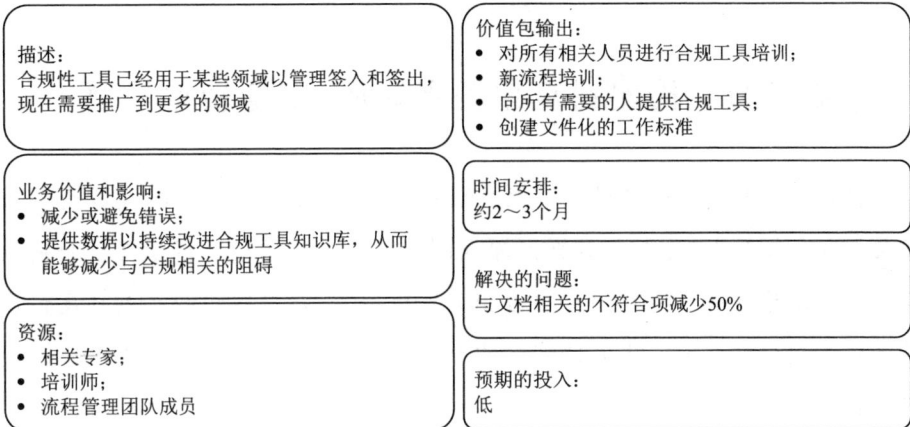

描述： 合规性工具已经用于某些领域以管理签入和签出，现在需要推广到更多的领域	价值包输出： • 对所有相关人员进行合规工具培训； • 新流程培训； • 向所有需要的人提供合规工具； • 创建文件化的工作标准
业务价值和影响： • 减少或避免错误； • 提供数据以持续改进合规工具知识库，从而能够减少与合规相关的阻碍	时间安排： 约2～3个月
	解决的问题： 与文档相关的不符合项减少50%
资源： • 相关专家； • 培训师； • 流程管理团队成员	预期的投入： 低

图 5-4　价值包定义示例

五、管理流程组合改进

一旦项目计划确定，实施价值包和项目以实现预期价值便成为关键。通过采用系统的价值实现方法，组织能够更快地取得成果，并最大限度地降低风险。有效的项目监控能力确保项目能够按时、按质、按预算完成。同时，还需要对优先级和项目组合进行灵活调整，确保与业务战略的持续一致。

为确保价值包能够带来预期的效益，组织必须对项目的进展实施持续监控，实现这一点需要一个详尽的计划和定期的状态报告，项目报告应清晰界定核心活动和所需资源，并用甘特图来追踪进展。

价值的实现通过绩效指标来衡量，这些指标详述了各个流程与价值驱动因素之间的相互关系。为了降低管理负担，建议专注于那些与价值驱动因素有着直接加强关系的指标。借助这一过程，组织得以控制项目成果和资源的利用，从而达成有效的价值管理。

在战略或商业环境变化的情况下，对优先事项和相关项目组合进行动态调整变得必不可少。价值驱动因素权重的变化可能导致流程、价值包和项目优先级的调整。此外,为了适应战略重点的转变,可能需要更新价值驱动因素,包括增加新的或删除现有的,随之优先级也会调整。

第二节　构建利益相关者矩阵,实施转型计划

管理流程利益相关者目标与流程的关系,可以采用一种名为"流程一利益相关者价值矩阵"的分析工具进行深入剖析。该方法的核心目标在于明确在实现企业战略业务目标和创造利益相关者价值方面,哪些流程具有举足轻重的地位。通过详尽地分析流程绩效的差距,该方法能够精确地识别出哪些流程亟待改进。

为了显著提升企业绩效,优化的方向应优先考虑对利益相关者具有显著潜在价值以及当前绩效差距最大的流程,这种选择旨在更好地支持企业的战略意图。通过构建一个流程一利益相关者价值矩阵,能够全面评估每个流程目前为每个利益相关者所提供的实际绩效与潜在价值之间的差距。

一、流程一利益相关者价值矩阵收益水平评估

评估流程的价值潜力,关键在于精准地判定利益相关者的"收益"水平。通过运用流程一利益相关者价值矩阵,这一过程能够得以清晰展现。该评估建立在组织核心战略意图和利益相关者分析结果的基础之上,特别是深入考虑了利益相关者的目标,旨在甄别在实现未来状态目标中,哪些流程占据着至关重要、比较重要或相对次要的地位。

针对每一项流程,可以采用1~3分的评分体系来进行量化评估。随后,将这些分数进行汇总,并根据利益相关者的权重进行相应的调整。这样一来,便能够得出一个从增值最多到增值最少的流程排名(见表5-2)。这种评估方法不仅为组织提供了洞察其流程当前状态的契机,更为其未来的改进路径和发展方向指明了方向。

表 5-2　流程—利益相关者价值矩阵收益水平评估

干系人/价值贡献	权重	流程 1	流程 2	流程 3	流程 4
干系人 1	1	2	3	3	1
干系人 2	1	0	2	3	2
干系人 3	1	3	0	2	3
干系人 4	1	2	1	0	3
其他关系人	/	8	10	9	13
总计	/	15	26	17	22
排名	/	4	1	3	2
流程潜在的价值贡献度 低:1;中:2;高:3;没有关系:0					

二、流程—利益相关者价值矩阵痛点水平评估

评估绩效差距的核心在于准确把握利益相关者的"痛点"水平。通过流程—利益相关者绩效差距(痛点)矩阵,有助于更深入地理解这一评估方法。该矩阵在结构上与流程—利益相关者价值矩阵相似,同样包含相同的行和列,且加权方式保持一致。然而,矩阵中相交的单元格中的评估内容有所不同。这次它们反映了流程的潜在绩效差距,同时依然保留了原矩阵中流程的价值或重要性评估(见表 5-3)。

表 5-3　流程—利益相关者价值矩阵痛点水平评估

流程绩效	权重	流程 1	流程 2	流程 3	流程 4
干系人 1	1	3	1	2	3
干系人 2	1	3	1	3	0
干系人 3	1	3	0	3	2
干系人 4	1	1	1	2	3
其他关系人	/	45	15	24	40
总计	/	55	18	33	48
排名	/	1	4	3	2
流程的绩效健康度 小差距:1;中等差距:2;重大差距:3;没有差距:0					

在评估过程中,需要深入思考一个关键问题:当前的流程设计及其支撑能力是否能够适应未来利益相关者的绩效需求?值得注意的是,即便当前绩效表现尚无显著差距,但未来需求的变化可能会出现现有能力无法满足的情况。这种绩效差距被称为痛点水平。借助这种绩效差距评估方法,组织能够清晰地洞察其流程在满足利益相关者绩效需求方面所面临的挑战,从而为后续的改进策略提供有力依据。

三、汇总"收益"排名与"痛点"排名

通过整合两个矩阵的排名数据,可以绘制出"收益"与"痛点"之间的排名关系图,进一步生成划分"高收益"与"低痛点"的象限图。在表 5-4 中,高痛点/高收益的象限显得尤为突出,它明确地揭示了这些流程对组织的巨大潜在价值。因此,组织应优先考虑为这些流程分配资源。它们不仅对于实现组织的价值主张和战略意图具有决定性作用,也能有效地解决最迫切的绩效挑战。

表 5-4　流程"收益"与"痛点"汇总

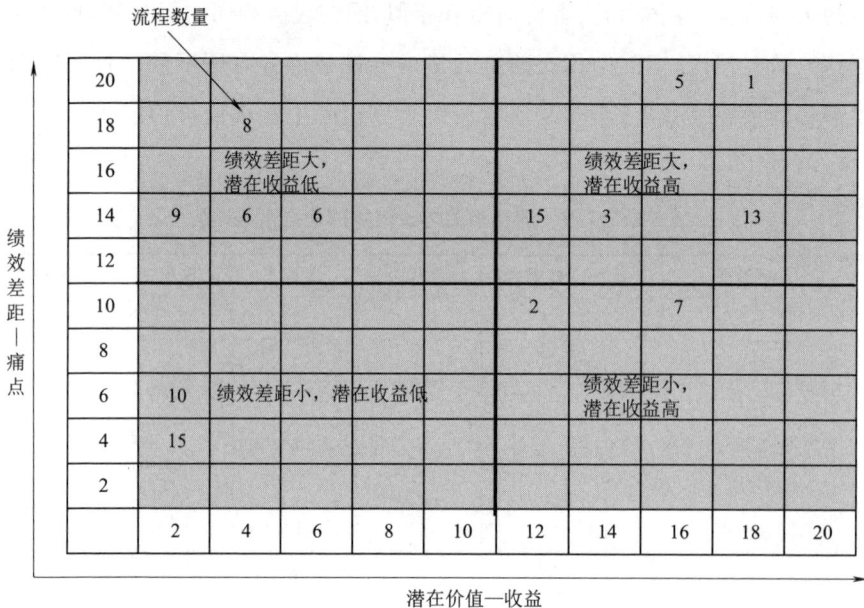

绩效差距—痛点	2	4	6	8	10	12	14	16	18	20
20								5	1	
18		8（流程数量）								
16	绩效差距大，潜在收益低					绩效差距大，潜在收益高				
14	9	6	6			15	3		13	
12										
10						2		7		
8										
6	10	绩效差距小，潜在收益低				绩效差距小，潜在收益高				
4	15									
2										

潜在价值—收益

相较之下，低收益/高痛点的流程则可能不是最优的投资选择。这类流程或许无法为企业带来明显的竞争优势，但在当前情境下，它们被视为次优选项。针对这些流程，组织需要保持持续关注，并积极探寻改进的空间和可能性。

高收益/低痛点的流程代表着组织期望所有重要的流程能够达到的理想状态。然而，目前这些流程可能尚未获得足够的重视。为了确保它们能够持续地为组织创造价值，必须时刻警惕潜在的威胁和机遇，并采取相应的行动。

至于那些低收益/低痛点的流程，虽然它们在组织中的重要性相对较低，但只要它们能够保持稳定的运行状态，就应该处于日常的持续改进的状态，为组织带来稳定的收益。

四、制订转型计划

为了制订切实有效的转型计划，必须对前述四种流程状态进行细致的审查和调整。在这一过程中，成本与效益、相互依赖性、政治因素以及其他可行性方面均应得到全面考量。为了迅速把握转型的核心要点，可以采用九块分类法。该方法从企业价值主张、公司愿景及目标等评价角度出发，来衡量各流程的收益。具体而言，每个流程都会经过三个层次的评估：其一，是否构成领先级绩效的差异化要素；其二，是否符合业界最佳实践的标准；其三，是否属于那种无论如何提升绩效都只会产生有限影响的普通流程。同时，从痛点角度出发，各流程的潜在绩效差距也被分为高、中、低三个等级。综合这两方面的评估结果，可以为确定流程的优先级提供另一种科学有效的方法。

第三节　建立流程组合管理，聚焦业务价值

流程代表了公司战略的逻辑延伸，实际上是构筑企业内部独特竞争力的基石。在开发、生产、营销、销售、交付以及维护产品和服务的过程中，涉及成百上千乃至数千项基于流程的活动。简而言之，企业战略的核心在于选择并执行一系列基本且独特的活动组合。

单一流程旨在产生有价值的结果,这些结果可能以产品、服务、信息、财务成果或输出的形式呈现,并成为后续流程的输入。业务绩效往往与流程设计和功能紧密相连,这也解释了为何企业会不懈、积极地推动持续的流程改进和自动化。为了优化流程,企业会启动相应的项目。这些项目的推动力可能源自特定的业务问题、管理指令,或是降低成本和提高效率的需求。然而,在尝试单独改进某个流程时,往往会遭遇诸多陷阱。确定哪些流程对实现业务目标的贡献最大,或者哪些是关键流程需要改进,都是极具挑战性的任务。

从战略规划和实施的角度来管理企业所有流程,可以有效缓解上述问题。这种新型管理模式被称为流程组合管理(BPPM),有时也被称为价值链组合管理或者端到端流程管理。与单一流程的管理和改进不同,流程组合管理提供了对整个流程组合的端到端视图,能够推动业务价值的实现和战略一致性,并高效地利用有限的资源如图 5-5 所示。

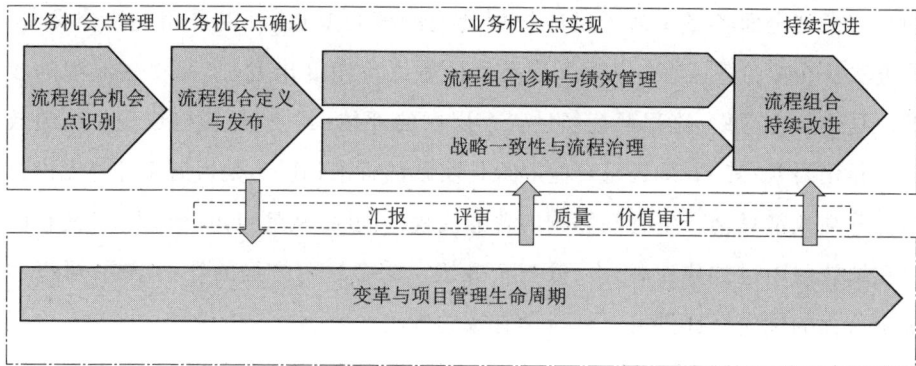

图 5-5　流程组合管理生命周期

许多组织在全面管理流程、将有限的财务和人力资源投入正确的流程改进计划、减少流程重复以及通过流程推动价值创造和改进方面面临着挑战。在大多数组织中,常见的流程管理方法往往聚焦于特定业务单元内的特定问题,因此只能在这些局部领域提高效率。相比之下,流程组合管理能够充分利用组织作为流程系统、流程网络、价值链和价值网的概念,确保即使没有重大的改进项目,也能对所有关键流程给予适当的关注。同时,流程组合还会重点关注最关键的流程，并为所有流程的持续绩效衡量提供框架。

创建流程组合的步骤包括：首先识别流程组合，其次将每个流程组合与战略目标相关联并正式发布，接着为每个流程组合建立诊断机制以便测量变化，然后定期评估流程组合绩效，最后建立流程组合管理的治理结构。通过这些步骤，企业可以更加系统地管理和优化其流程组合，从而实现更好的业务绩效和战略一致性。

流程组合管理，作为治理框架中不可或缺的一部分，为组织提供了全局性的流程视图。通过确保整个流程集合的连贯性和整体优化，它有效避免了局部简化或次优化的风险。其核心在于从组合的角度优先确定改进的顺序，进而在资金和集成层面将企业的各个组成部分紧密地连接在一起。这一方法为全面评估和管理企业流程提供了综合平台，同时，流程绩效的衡量也为流程服务组合的规划和评估构建了结构化的框架。

随着组织在流程管理方面的不断成熟，其策略也逐渐从被动响应业务部门的具体需求，转向更加主动和前瞻性的模式。在这一进程中，流程管理专业部门开始利用流程组合来主动识别与之相关的流程。为了进行有效的流程组合分析，企业级流程框架的引入变得至关重要，它有助于识别出具有高优先级的业务流程，例如数字化合规管理、销售预测与计划管理等。因此，流程组合管理能够为组织的高层管理人员提供高度关注的流程服务，其强大的信息压缩能力为决策过程提供了坚实的基础。

流程组合的维护工作通常由流程管理卓越中心承担，其目标在于实现流程集、项目与资源的最佳匹配。该中心的职责范围广泛，包括建立和维护现有的流程组合、评审业务部门的服务请求、根据潜在项目更新流程服务组合、利用决策矩阵对项目进行重新排序，并为优先级较高的项目分配相应的资源。此外，它还负责审批新的流程组合，以确保组织的流程管理始终保持最佳状态。

流程组合管理与项目组合管理本质上具有相似之处，二者均与组织的战略紧密相连，并直接为组织的业务目标服务。然而，它们的管理对象却有所不同：前者关注"流程"，而后者则聚焦"项目"。对于项目组合、流程组合管理和业务流程管理的区别见表 5-5。

表 5-5　流程组合管理、项目组合和业务流程管理的区别

项目	项目组合管理 （做正确的项目）	流程组合管理 （做正确的流程）	业务流程管理 （正确地做流程）
范围	项目组合具有与组织的战略框架、目的、目标和优先级相一致的横向范围	流程组合具有与组织的战略框架、目的、目标和优先级相一致的横向范围	流程产生特定的服务或产品
变更	项目组合经理在更广泛的内部和外部环境下开展持续变更	流程投资组合经理在更广泛的内部和外部环境下开展持续变更	流程所有者管理流程和流程变更
计划	项目组合经理创建并维护与项目组合相关的流程计划和沟通计划	流程组合经理创建和维护与流程组合相关的优化计划和沟通计划	流程所有者在整个流程生命周期中管理流程的详细计划
管理	项目组合经理管理或协调项目组合中的相互依存的项目、干系人沟通和组合收益	流程组合经理管理或协调流程组合中相互依存的流程关系、干系人沟通和组合收益	流程所有者管理流程的绩效
收益	衡量成功的标准是总投资绩效、利益相关者满意度和项目总投资组合的收益实现	成功是以组合的绩效、利益相关者的满意度和流程组合的收益实现来衡量的	衡量成功的标准是服务和产品质量、及时性、预算合规性和利益相关者满意度
监控	项目组合经理监控项目组合的战略变化、综合效益、资源、相互依存关系、绩效结果和风险	流程组合经理监控战略变化，并汇总流程组合的利益、资源、依存关系、绩效结果和风险	流程所有者监控交付产品或服务的流程绩效

第六章

从变革角度看流程：不同程度的改变

在企业内部确定正确的流程级别和项目分类十分重要，它决定了使用是什么样的流程方法来改进业务，并达到期望的绩效结果。其中常见的两种方法是彻底的流程变革和持续的流程改进。流程变革是阶段性的，耗时时间较长，流程改进嵌入到日常业务运营中，项目周期较短，不同的优化方法的结合，覆盖了企业长短期业务能力提升的目的。

第一节　项目和流程分类策略

一、项目分类策略

在组织运作中，常见一种"一刀切"的思维方式。这种观念往往与现实情况不符，正是基于这种认识，组织频繁声明自身具有独特性，感觉自身面对的是特有的问题和挑战。实际上，结构化的方法足够灵活，能够针对各个组织的特定需求进行量身定制。尤其是在流程项目中，存在三种主要方法，它们的适用性广泛，能够满足大多数项目发起人的要求。确定采纳何种项目方法，以及如何施行流程框架，关键取决于如下三种项目的启动方式：战略驱动、业务问题驱动和流程驱动。

1. 战略驱动项目

战略驱动项目的方法假定组织的战略已被清晰定义并记录。此方法的实施直接促成了流程项目的启动,实现从战略构想到实施计划的顺畅过渡,展现了组织流程"自上而下"的管理模式。在此过程中,组织的整体战略为项目指明方向,并借助流程框架精准识别哪些流程、应用程序和数据将受到项目影响,进而明确项目的具体范围。一旦界定清晰,项目便正式进入启动阶段,此时流程框架将继续发挥重要的指导作用。这类项目通常源于公司的战略计划,往往以项目组合的形式进行管理。

2. 业务问题驱动项目

业务问题驱动项目,顾名思义,是由组织、业务单位或部门在运营过程中遇到的实际问题所推动的。触发这类流程项目的因素可能包括具体的业务难题、发展机遇、挑战或监管要求。与战略驱动不同,业务问题驱动型项目的需求确定通常发生在组织内部的较低层级。项目可能直接从问题识别进入启动阶段。在此过程中,一个小型且高效的项目团队会参考流程框架,开始启动阶段的准备工作,包括评估现状、收集必要信息以确定项目的切入点和实施深度。流程框架不仅提供关于受影响流程、应用程序和数据的详细信息,还为流程建模提供指导方针。为确保项目与组织战略保持一致并为其增值,这类项目会将组织战略作为重要参考。若发现项目与战略存在偏差,需将其重新定位为战术项目,并制订相应的调整计划和时间表。

3. 流程驱动项目

流程驱动项目是由流程团队主导,从流程角度出发深入调查业务的一部分,以探寻提高业务效率的机会。项目初期的工作重点是确定特定业务部门或领域的高级流程,并建立相应的高级指标,以便为后续详细流程调查提供明确方向。在此过程中,团队会参考组织战略,确保项目能够为组织目标作出贡献,如降低成本、提升客户服务水平等。与业务问题驱动方法类似,流程驱动的项目在完成后也必须为业务留下持续改进的遗产。此外,若合规性是启动流程项目的关键理由且得到了管理层的支持,应将其视为战略驱动的方法;若未得到管理层的支持,应将其视为业务问题驱动的方法。

二、流程变革策略

组织的流程体系囊括了流程及其变革的方方面面。流程变革的潜在改进点来源众多，包括但不限于流程绩效表现、流程评估报告、产品及服务评估活动的反馈、客户满意度调查结果、与其他组织的基准测试对比数据，以及组织内部其他改进项目的建议。

针对这些变革需求，流程管理专业人员可以从多种流程优化方法中进行选择，如精益管理、六西格玛、流程再造等。在评估这些方法时，需要判断它们是否适用于解决跨职能流程或其子流程，甚至更具体的活动层面的问题。例如，尽管有些公司采用六西格玛流程改进方法，并在企业层面取得了一定的效果，但也有不少公司在没有看到明显的流程改进效果的情况下，盲目地选择流程转型和重组的方法，最终未能实现预期的价值。因此，根据流程变革的不同程度和需求，选择适当的优化方法至关重要。

流程改进（BPI）是一个持续不断的过程，其核心目标是通过优化流程来实现长期效率提升。作为一种改进现状的方法，业务流程改进专注于解决业务运营中遇到的各种问题，如发现并消除浪费现象。通过实施流程改进措施，组织可以逐步实现对流程优化的期望目标。

与流程改进不同，流程变革（BPT）是一种基于愿景的战略性举措，意味着对流程进行几乎从零开始的重新设计。在这一过程中，首先考虑的是客户价值主张，明确输入资源和期望的输出成果，并构建实现这些目标的有效过程。因此，业务流程变革可以被视为一种对当前业务流程进行彻底重新设计的方法，它往往涉及对现有组织结构的重大调整和现有系统的替换。作为一种变革管理技术，它通过根本性地改变运营模式来创造竞争优势，通常由快速增长、并购、运营转型或重组等驱动因素所引发，旨在提高组织的整体效率或者运营效率。

流程变革的成功取决于组织的战略目标和衡量标准。关键的变革指标包括：

• 改善客户体验和满意度；

- 新流程的收入；
- 不断提高的财务业绩；
- 提高运营效率；
- 提高员工生产力和敬业度；
- 自动化节省了时间；
- 有影响力的可持续性指标；
- 推向市场的创新数量；
- 新的潜在客户和客户转换；
- 增加商誉和声誉。

在流程变革的实践中，一种常见情况是涉及端到端价值流的全方位变革。例如，研发流程、营销和销售以及供应链流程的变革等。这些变革不仅深度和广度都相当复杂，而且涉及价值流及下级流程的重新设计、组织结构和角色技能的调整、绩效和薪酬体系的变更以及信息系统的更新等多个方面。流程改进和流程变革方法的区别如图 6-1 所示。

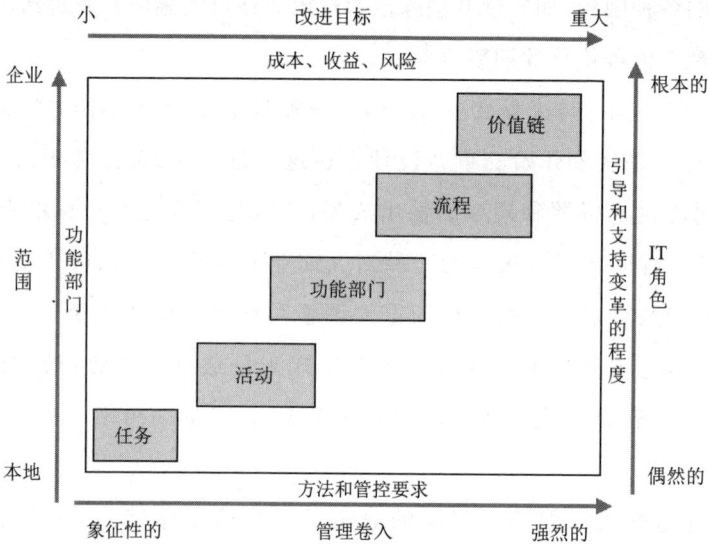

图 6-1　流程改进与流程变革方法的区别

第二节　商业论证：用事实打动人

一、流程项目商业论证

流程管理成功的秘诀在于，首先要构建一个可重复的评估框架，该框架能够用于评估各类流程、定义不同的流程项目，提供商业论证来支持在时间、资源和资金上的投入。开发第一个流程项目的商业论证往往耗时且至关重要，因为它不仅涵盖了对流程管理软件套件的评估、选择及其合理性的论证，更将成为流程管理在组织内部的首个成功实践。

为了确保项目的成功，建立强有力的商业论证和设定有意义的指标至关重要，这些指标将在实施过程中用来持续监控和衡量成果。一旦这一坚实基础得以确立，组织将拥有一套可重复的方法、一个坚实的技术基础，以及一系列明确的收益和基准 ROI 数字，为后续的流程改进计划提供有力支持，推动组织快速实现流程管理带来的持续流程改进价值和战略业务价值。

简单地说，为流程管理开发商业论证需要阐明目前的工作方式如何才能做得更好，以及从"现状态"到"未来态"的成本和收益。流程项目的商业论证不仅提供了一种确定流程项目真正价值的方法，还有助于确定项目的优先级。这一过程通常包含以下关键步骤：

首先，确定当前流程状态的基准线，这是理解改进空间和需求的重要前提。

其次，定义绩效指标和成功标准，它们将作为衡量项目进展和成效的准则。

再次，针对未来流程目标设计优化方案，确保新流程能够更加精准地满足业务需求并提升效率。

最后，应用五个商业论证模型来构建投资回报模型，这将帮助组织明确流程项目的预期收益，为决策提供坚实的数据支持。通过这些步骤，组织能够更加系统地规划和实施流程管理项目，从而实现业务目标的最大化。

二、商业论证模型组件

项目的实施需要持续且连贯的过程保障,以确保项目的推进和实施方案与组织的战略目标紧密相连。即便项目正在对业务进行变革和改进,仍需对战略变化作出灵活响应,或适应新的举措与政策。项目的商业论证至关重要,因为只有那些从初始阶段就明确了范围、计划和合理成本的项目,才有可能实现预期的产出和效益。

组织战略为项目提供了至关重要的背景。经验表明,当商业论证在明确的组织战略框架内启动时,其效果最佳。项目的立项授权不仅提供了启动时的触发因素,还奠定了项目的背景基础。在正式制定项目商业论证之前,对项目的可行性进行初步评估是必不可少的环节。

一个值得参考的有效商业论证方法是"五个商业论证"模型,该模型适用范围很广,包括了政府项目、战略项目、IT 类项目等。"五个商业论证"模型提供了成熟的方法和流程,建议在项目不同的里程碑点编制和迭代商业论证。这些里程碑点包括:项目组织战略批准、立项、计划、设计、上线和试点等。所以说,商业论证是一个由粗到细的迭代过程,这为决策者和利益相关者提供了一个有效的、连续的、结构化的"思考"框架。"五个商业论证"模型的关键维度包括:战略论证、经济论证、采购论证、财务论证和管理论证。

商业论证的战略层面在于阐释变革的必要性和其与整体战略的契合度。为了证明所提计划与战略投资组合中其他项目和计划的协同作用及整体一致性,必须参考最新的组织商业战略,同时兼顾所有相关的地方、区域和国家政策与目标。一个有力的变革理由需要基于对支出提案的基本原理、驱动因素和目标的深刻理解。为确保后续评估的有效性,这些理由必须具备 SMART 特性,即具体性、可衡量性、可实现性、相关性和时限性。

在构建令人信服的理由时,关键在于明确现有业务:包括常规运营、业务需求(涉及的问题与机遇)、潜在范围(所需的组织能力),以及与变革提案紧密相关的潜在利益、风险、限制和依赖因素。

商业论证的经济层面旨在确定能为组织带来最佳价值的提案,同时考虑更广泛的社会和环境影响。为展示价值，需要对一系列现实选择进行评估，例如生成长名单的过程，这包括评估它们在多大程度上满足成本目标和计划的关键成功因素。随后是进一步详细检查缩减后的可能选项（短名单）。短名单必须包含常规运营、符合基本要求的现实且可实行的"最低限度"方案、首选方案。在适当的情况下，对这些方案进行成本效益分析，以确定哪个方案能为组织带来最佳价值。

采购论证旨在证明首选方案将在组织及其服务提供商之间产生可行的采购和良好的交易。为证明可行的采购，需要深入了解市场状况、供应商的实际可实现目标，研究能为双方带来最佳价值的采购策略。实施良好的交易需要清晰地反映在收费机制和合同中。组织面临的挑战之一是如何成为"聪明的客户"，并预见在业务、组织和运营要求不可避免变化前，如何在合同阶段持续确保最佳价值。

财务论证旨在证明首选方案的经济承受能力和资金来源，包括利益相关者和客户的支持。为证明首选方案的经济承受能力，需要全面了解该计划的资本、收入和全生命周期成本，以及该交易将如何影响组织的资产负债表、收入和支出以及定价安排（如有）。

管理论证旨在证明为方案的交付、监控和评估制定了强有力的安排和策略，同时确保对组织战略规划周期提供反馈。为证明首选方案能够成功交付，需要证明该计划是遵循最佳实践进行管理的，并为变更管理、合同管理、利益实现和风险管理作出了必要的安排。

三、成本收益计算

在商业论证中，收益和成本的计算占据了至关重要的地位。这些收益主要分为两类：可见的财务硬收益和无形的定性软收益。以下是一个关于工程实施变更流程优化的效益计算实例，其中，原本难以量化的定性收益被精准地转化为定量的成本节约。

例如，工程实施变更流程通常被视为成本中心。该流程涉及市场和交付领域大量的移交和数据检查活动，经常需要动用昂贵的管理资源，从而增加了冗余和返工的风险。引入流程优化后，未来希望能够自动化这一流程，在移交过程中保持更高的连续性，从而实现显著的、可测量的成本节约。

这种成本节约的机会源自对员工的访谈。访谈结果显示，移交过程是流程效率低下的重要原因之一。在工程实施变更流程评估中，平均每人需要 40 个小时的工作时间，其中约 6 个小时是无效的。基于这些信息，结合劳动力成本和工作频率等具体指标的验证，可以制定一个精确的成本节约预估，见表 6-1。

表 6-1　流程项目成本节约机会计算示例

评估流程	第 1 年	第 2 年	第 3 年
团队数量（个）	6	6	6
工作时长（小时）	40	40	40
返工比例	15%	15%	15%
返工时长（小时）	6	6	6
年度返工时间（小时）	36	36	36
每人工时费用（元）	80	80	80
每人返工成本（元）	2 880	2 880	2 880
团队人数（个）	8	20	50
年度返工总成本（元）	23 040	57 600	144 000

对于每个关键利益领域和流程改进环节，都应重复上述计算过程。这里需要注意的是，优化并非只关注价值最高、影响最快的领域，而是需要全面考量各个领域的实际效益。在进行这些计算时，需要清晰地列出每一个数字及其来源和假设。对于成本方面，同样需要遵循这一原则。为了方便查看，建议为所有信息创建一个单独的表格。表 6-2 为以工程实施变更流程优化为例的成本计算。

表 6-2　流程项目成本计算示例

项目成本汇总（元）	第 1 年	第 2 年	第 3 年
流程管理员	×××	×××	×××
流程开发和定制	×××	×××	×××
培训	×××	Null	Null

续上表

项目成本汇总（元）	第 1 年	第 2 年	第 3 年
外部专业服务			
流程咨询	×××	×××	×××
应用开发	×××	×××	×××
集成服务	Null	×××	×××
BPM 软件			
软件账户	Null	Null	Null
阶段 1	×××	Null	Null
阶段 2	Null	×××	Null
设计工具			
软件维护	×××	×××	×××
项目年度成本总计（元）	1 251 800	771 200	313 700

在展示商业论证中的 ROI 模型时，应将每个成本和收益进行细致的分解，确保数字的透明度和可信度。随后，将这些数字汇总至一个表格中，完整地展示综合成本与收益。请注意，此计算不仅基于现金流，也综合考虑了交易成本的降低和收入的增加所带来的价值提升。

流程优化一个非常关键的价值领域在于降低当前业务的事务性成本。这主要反映了流程部署对生产力的积极影响，特别是关于如何利用相同的资源执行更多的工作或以更高的效率完成既定工作量。因此，这些节省被归类为软效益，而非直接的硬成本节约或现金流减少。在各种情境下，这些具体的价值是根据现有流程、经过验证的成本以及预测的场地金额来确定的。

工程实施变更流程的自动化导致了大量员工的重新部署。通过合理的员工岗位调整和减少不必要的差旅，实现了可计量的成本节约，具体成本收益计算见表 6-3。

表 6-3 流程项目成本收益（ROI）计算示例

类目	第 1 年	第 2 年	第 3 年
财务硬收益（元）			
打印和分销成本的减少	×××	×××	×××

类目	第 1 年	第 2 年	第 3 年
工程实施变更单自动化	×××	×××	×××
工程返工的消除	×××	×××	×××
定性软收益(元)			
人力年度节省总计	23 040	57 600	144 000
生产率提升的相关信息管理收益	×××	×××	×××
现有项目交易成本的降低	×××	×××	×××
项目年度收益总计	1 158 598	1 729 114	2 620 806
项目年度成本总计	1 251 800	771 200	313 700
年度收益	(93 202)	957 914	2 307 106
ROI			
投资净现值	2 296 481		
项目净现值	3 013 327		
ROI	131%		

第三节　流程变革:彻底变化

对于流程变革而言,首要的步骤是明确哪些领域需要调整、优化或淘汰。管理层应对现有流程进行全面的反思,这种反思应涵盖营销、销售、研发、采购等各个环节,以及如何提高员工生产力和优化客户体验。从客户的视角出发来审视产品和服务是至关重要的,并且这种视角应贯穿流程变革的始终。同时,还需要识别出冗余的任务、过时的系统和技术堆栈,并从项目管理团队那里获取企业运营的全面信息,以确保新流程不仅符合业务目标,还能满足法规要求。

衡量组织转型项目成功与否的关键在于与战略目标是否一致。因此,在转型计划的每个阶段建立明确的绩效衡量标准显得至关重要。对于许多组织来说，降低成本、提高利润和客户满意度是衡量业务增长的重要指标。

在进行类似数字化转型的流程变革时，可能会遭遇利益相关者和习惯现状的员工的抵触。为了克服这种阻力，需要倾听他们的观点，获得他们的支持，并用数据来展示变革的益处。清晰地解释决策过程以及新商业模式对业务增长的积极影响也是必不可少的。此外，创建并分析初步的流程现状模型，并鼓励关键利益相关者和员工提供反馈、支持和建议，也是一种有效的做法。通过使用财务术语，将组织转型与主要的战略目标紧密结合，可以进一步增强变革的说服力。本质上，流程转型的目标不仅在于改变，更在于实现更高的运营效率，确保业务的持续增长和创新。

流程变革计划的制订需要集结各部门的专家和领导者共同参与，以确保各部门之间的协同合作，避免出现各自为政的情况。这样做可以确保新流程的端到端连接更加顺畅。流程转型计划应全面考虑现有流程、技术要求、基础设施迁移计划和员工培训等多个方面。同时，制订一个周密的过渡计划也是必不可少的，以解决在实施新流程的同时如何维持正常运营的问题。此外，还需要在整个组织范围内有效沟通过渡计划，并明确各阶段的时间表，以确保所有相关人员对变革进程有清晰的了解。

随着转型计划的确定，接下来需要正式组建项目团队来实施和管理项目。项目的实施涵盖流程分析、IT 项目实施以及人力变革项目实施等多个方面。这需要项目团队密切协作，确保项目的顺利推进和变革目标的达成。在此过程中，始终以客户为中心是至关重要的。有些组织在更新 IT 和基础设施时容易忽略为客户创造实际价值的重要性。例如，某建筑公司在转型过程中虽然重新设计了其移动应用程序的界面以提升吸引力，但却未能改善其主要功能以满足客户需求。

一、流程变革和流程管理

本部分提供了在大型流程变革项目中，流程专业领域提供的独特或重要的交付成果和内容，如图 6-2 所示。

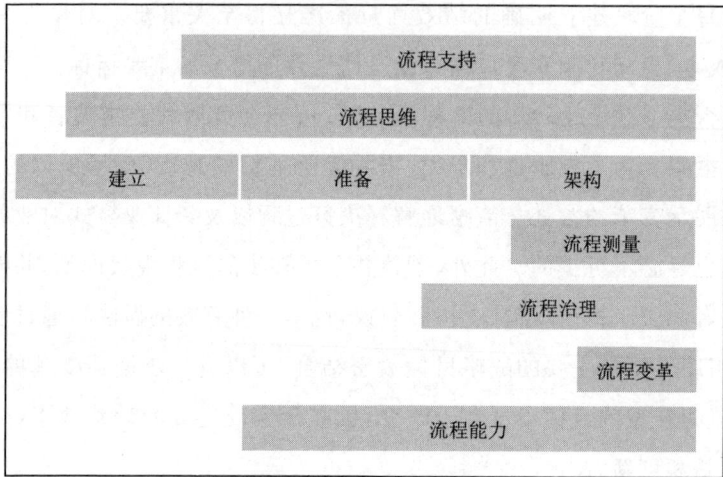

图 6-2　大型流程变革项目交付成果

在项目启动之初，人们往往迫切希望迅速投入项目的细节：构建架构、规划措施、组织研讨会，以及其他各项计划活动。然而，进展过快有时会适得其反，增加失败的风险。倘若各级人员未能对项目形成共同的理解和承诺，那么混乱、分歧和冷漠的态度将难以避免。

因此，建立阶段作为整个项目的关键初步步骤，其重要性不言而喻。这一阶段的主要目标，是在所有利益相关者群体，尤其是执行层面，基于组织现状的准确反应，建立起对项目重要性的共同认知。同时，评估组织对未来运营和文化变革的接受度和能力也是不可或缺的一环。组织是否已经做好准备迎接这些变革？成功完成建立阶段的标志包括如下内容：

- 组织战略得到明确阐述，并获得广泛共识；
- 令人信服的项目理由（商业论证）得到一致认可并记录；
- 全面的利益相关者分析已完成；
- 基于利益相关者分析的沟通计划已制订并达成一致；
- 决策指南文件已编制完成；
- 流程管理文化评估已完成并经过讨论；
- 流程管理成熟度评估已完成并经过讨论；

• 在所有关键利益相关者的支持下，项目得以继续推进。

紧随建立阶段之后的是准备阶段，这一阶段通常需要一到两周的时间。主要工作是安排项目资源、启动项目，确保项目管理的各项细节落实到位：安排研讨会和面试、预订场地、创建项目文件等。这一阶段的顺利完成，为项目进入下一阶段奠定了坚实的基础。

一旦建立和准备阶段的工作顺利完成，项目便进入了实施交付阶段。在这一阶段，将深入探索大型流程项目各个核心工作包的细节。虽然为了便于阐述，将工作包描述为独立且按线性顺序展开，但实际情况是，这些工作包在实施过程中大多是并行进行的见表 6-4～表 6-10。

表 6-4　工作包 1：流程框架

项目目标 （WP1 架构）	• 创建并发布流程框架的第一级； • 形成对流程框架的共同理解； • 开发流程框架价值和使用说明
项目可交付成果 （WP1 架构）	• 初始流程框架建模的三个流程：核心流程、管理流程和支持流程； • 对流程框架中确定的每个流程的简短描述； • 演示和交流材料，用于告知和教育利益相关者流程框架的重要性和用途

表 6-5　工作包 2：流程测量

项目目标 （WP2 测量）	• 给流程框架中定义的流程分配绩效目标； • 定义如何收集和报告绩效数据； • 创建绩效系统，考虑流程改进的优先级； • 通过确保所有利益相关者了解流程绩效衡量的重要性，嵌入基于流程的管理思维和行动
项目可交付成果 （WP2 测量）	• 核心流程的度量目标； • 管理流程的度量目标； • 支持流程的度量目标； • 流程目标确定的测量方法； • 选择流程测量方法的原因说明； • 演示或者沟通材料，告知利益相关者流程测量的重要性和用途

表 6-6 工作包 3:流程治理

项目目标 (WP3 治理)	• 确保基于证据的流程绩效和分配角色的主动管理; • 确保及时发现流程绩效异常和流程变更机会点; • 通过将流程框架和绩效测量结合起来,形成一个实用的管理框架
项目可交付成果 (WP3 治理)	• 描述流程所有者的角色; • 任命核心流程的流程所有者; • 任命管理流程的流程所有者; • 任命支持流程的流程所有者; • 协助流程负责人履行职责的支持计划; • 演示或沟通材料,告知流程所有者和其他利益相关者流程治理的具体要求和操作步骤

表 6-7 工作包 4:流程变革

项目目标 (WP4 变革)	• 创建使用标准方法进行持续改进的环境; • 确保所有员工都愿意并能够参与流程改进活动; • 创建一个一致的机制,对分析流程进行优先级排序; • 建立一种跟踪承诺收益实现情况的方法
项目可交付成果 (WP4 变革)	• 约定的并记录成文的流程改进方法; • 选择改进项目的优先级方案; • 流程改进课程和人员发展计划; • 初始的流程改进项目描述; • 演示或沟通材料,告知利益相关者流程变革的重要性和具体的执行情况

表 6-8 工作包 5:流程思维

项目目标 (WP5 思维)	• 在所有利益相关者中嵌入流程思维,以便理解并寻求优化自己所在的流程; • 发展一种重视流程测量并不断寻求改进和创新机会的文化; • 让组织、员工和团队以新的方式思考产品和服务交付; • 增强对创造和交付价值的跨职能性质的广泛理解; • 定义让所有员工参与流程改进的愿望和举措
项目可交付成果 (WP5 思维)	• 全面的流程变革管理计划,用来定义和指导与利益相关者的沟通; • 一个适当的"实践社区"来支持和培养流程思维; • 开发和维护沟通计划; • 一个有效的流程改进建议系统

表 6-9　工作包 6：流程能力

项目目标 （WP6 能力）	• 确保所有员工都能参与流程改进和管理活动； • 提高员工应对变化和跨职能工作的能力； • 支持员工访问基于流程的管理信息和系统； • 开发和维护可访问的流程知识体系
项目可交付成果 （WP6 能力）	• 定义和交付能力发展文档来记录学习途径； • 为满足不同利益相关者的要求而量身定制的课程； • 有关流程方法、工具和技术的可访问文档； • 与流程管理理论和实践相关的知识库

表 6-10　工作包 7：流程支持

项目目标 （WP7 支持）	• 通过提供有效的支持来提高基于流程的管理能力； • 支持员工分析、改进和管理流程； • 确保流程符合标准和惯例； • 支持流程所有者和流程委员会工作； • 监控和改进"流程管理过程"； • 实现基于流程管理的效率和有效性
项目可交付成果 （WP7 支持）	• 流程管理卓越中心提供令利益相关者满意的服务； • 描述可用服务及其访问方式的文档； • 流程管理卓越中心的目标和绩效衡量标准

　　经过上述大型流程项目的成功实施，最终交付的成果显著。项目结束时，不仅流程框架得到了明确定义并详细记录，同时建立了流程绩效测量体系以及配套的治理机制。此外，还引入了持续改进的方法，以确保流程不断优化。这些举措共同作用下，组织、人员及其团队的流程思维和能力得到了显著提升，并建立了相应的支持设施。

二、流程变革和变革管理

　　变革，作为企业为应对生存环境而做出的组织文化、业务流程、IT 技术等方面的调整和优化，其内涵远不止项目的实施或信息系统的上线。它还牵涉众多利益相关者、技术的复杂性、流程变化的程度、组织结构的优化、角色的转变及薪酬体系的影响等多个层面。

在传统流程项目中,变革的焦点通常集中在工作流程、新技术以及新服务的引入上,却常常忽略了变革过程中人的因素。事实上,人在任何流程项目的成功中都起着决定性的作用。若未能妥善处理与人相关的问题,即使项目团队打造出再卓越的流程和系统,也可能遭遇失败,或仅能获得有限的成功。因为,如果人们拒绝接受或无法充分利用这些新流程和系统,项目便难以实现其预期效果。

为了降低变革过程中可能出现的破坏性影响,并提升实现未来状态的可能性,有效的变革管理显得尤为关键,经典的奶酪模型如图 6-3 就证明了这一点。它能够为组织带来以下诸多益处:提高组织的准备程度、灵活性和适应性;提升利益相关者的参与度、士气以及对新工作方式的接受度;减少变革期间可能出现的性能和生产力下降;加速性能的提升并最大化其效果;提高利益相关者对新方式的利用率和熟练程度;缩短学习曲线,加快新方法的采纳速度;增加实现收益的可能性;优化长期的可持续性;提高项目的成功概率;有效管理员工的抵触情绪;提升投资回报率;构建组织在变革中的应对能力。

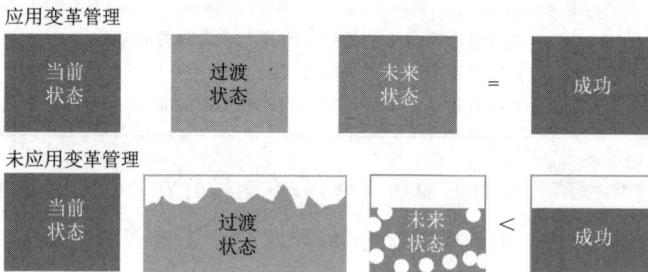

图 6-3　变革管理奶酪模型

成功实施流程项目需要兼顾技术和人的管理,对应的流程项目计划管理可被细分为项目管理计划和变革管理计划。项目管理方法的应用旨在有效执行变革,变革管理计划则需与项目计划在关键里程碑点上保持高度一致。在制订项目管理计划时,应根据具体情况选择合适的开发方法,明确是采用瀑布型项目管理还是敏捷型项目管理。

变革管理计划的核心要素包括赞助人计划、职能经理计划、培训计划和沟通计划：

- 赞助人计划旨在确保赞助人及其他赞助联盟成员能够发挥有效的支持作用。为实现这一目标，赞助人计划涵盖了积极且引人注目的与员工沟通策略，同时还包括建立强大联盟的具体行动。

- 职能经理计划是为了让管理者深入理解和积极参与组织变革，进而培养成为引导员工变革的得力教练。

- 培训计划的核心在于评估不同受众的需求和差距，从而制定出符合实际需求的培训方案。这一计划不仅记录了培训组织的具体要求，还涉及知识和能力要素，以确保员工在变革中具备必要的技能和知识。

- 沟通计划明确了关键受众和信息，以及沟通的频率、传递机制和发送者。该计划特别关注变革意识和行为强化，以确保变革过程中的有效沟通，增强员工对变革的认知和接受度。

在变革管理的过程中，利益相关者的管理和沟通机制的构建显得尤为重要。对于利益相关者的阻力管理，它堪称变革管理的核心环节。在推进流程项目时，来自组织高层的决策对项目的成败具有决定性的影响。鉴于此，一个成功的转型项目必须确保至少有一位高管能够持续且积极地为项目提供有力支持。

随着项目的逐步深入和计划的日益细化，沟通的重要性愈发凸显。为确保信息的有效传递和理解的准确性，制订一套周密的沟通计划势在必行。此外，专设一名负责人来监督沟通的执行和人员变革的管理，也是保障项目顺利进行的关键举措。

与此同时，流程改进课程和技能发展计划的设计，在变革管理中同样占据着举足轻重的地位。HR 部门或相关团队需积极开发新的培训课程，旨在为员工提供履行其职责所必需的高效技能与知识。这些课程应涵盖工作设计、培训开发、知识管理等多个方面，并充分满足变革管理中对于访谈、培训、沟通及赋能的各项要求。图 6-4 为相关示例，展示了这一计划的实施框架和关键要素。

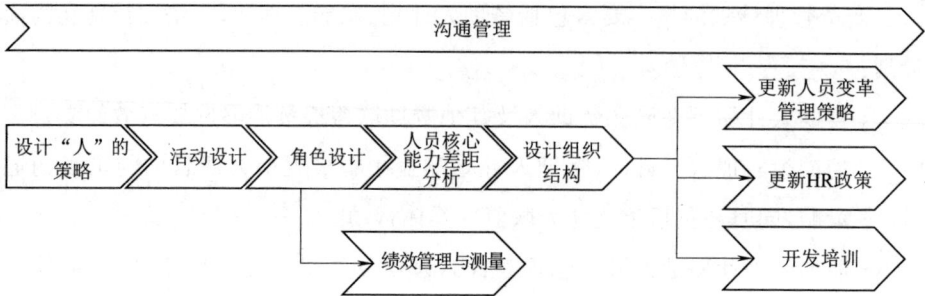

图 6-4　变革管理步骤示意图

三、流程变革和项目治理

项目是指在明确的时间、预算和资源限制内,根据既定规范执行的一系列相互关联、独特且复杂的活动,旨在达成特定目标或目的。变革项目是一种特殊类型的项目,它通过项目实施的方式对组织、文化、业务流程和 IT 技术等方面进行调整和优化。

流程变革是在组织需求的推动下进行的,旨在解决组织面临的目标问题。在此过程中,组织通常会鼓励流程执行者积极参与流程变革活动,并赋予他们促进和管理这些活动的责任,包括协调其他相关人员的参与。为了提高项目效率并确保所有关键利益相关者能够及时了解项目进度和设计决策,建议成立两个专门的项目团队:项目交付团队和项目治理团队。

项目交付团队作为项目的核心力量,是流程变革项目中承担实际工作的人员,负责交付工作包和开展相关活动。项目治理团队由赞助人和相关管理人员组成,他们对项目目标和交付成果做出评审和决策。设立治理团队的目的之一是可以增加管理层的注意力,通过沟通、汇报、决策和干预等手段,促进流程变革过程的健康实施。

组织的流程变革项目通常包含多个阶段,如商业论证、变革项目立项、设计与开发、试点验证实施、大规模部署实施等。这一过程可能会持续半年甚至数年之久。为了提高组织内、跨组织和跨功能团队成员之间的沟通效率,确保快速决策和有效执行决策，建立一个结构化的流程变革项目治理流程至关重要。

这一治理流程根据项目的不同阶段明确界定了角色、职责和交付件，为项目治理团队提供了有效的指导，帮助管理层更好地管理项目目标和实施过程。如图 6-5 所示展示了一个变革项目治理实践的示例。

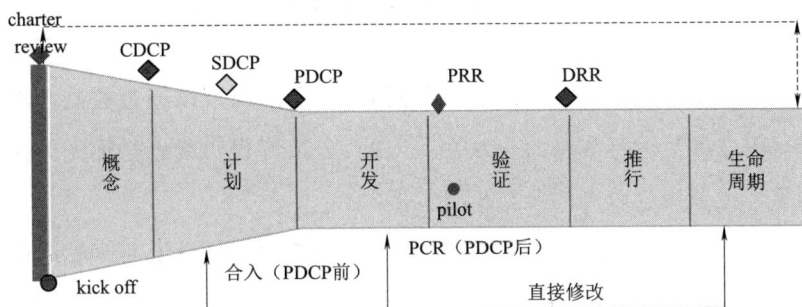

图 6-5　变革项目治理实践的示例

在项目立项阶段，必须明确回答如下的问题：why（为何立项，即变革的价值和目标）、what（项目内容和目标）、when（关键里程碑和时间计划）、how（实施方法和策略）以及 how much（验收标准和预算）。此外，还需对项目的投资回报进行深入分析。在项目概念阶段，团队应明确业务需求，评估潜在的风险，预测项目的成本、收益和进度，提出初步的解决方案，并评估其可行性。进入项目计划阶段，团队应制订集成项目计划，明确变革管理的范围和目标，完成业务和 IT 方案的概要设计，确定试点推行策略和具体计划。在项目开发阶段，团队应完成解决方案的设计和开发工作，进行全面的集成测试，并为验证做好准备。进入项目验证阶段，团队应实施用户验收测试，完成试点切换上线前的准备工作，对试点用户进行培训，确保流程、组织和 IT 的顺利切换。最后，在项目推行阶段，团队应完成用户培训工作，确保上线后的持续支持与实施，并对推行效果进行评估。

项目治理团队依据共同的指导方针，统一指导变革项目实施过程，对如上的各个阶段开展关键里程碑技术和商业决策评审。这个治理流程作为共同、一致的语言,有利于组织内、跨组织及跨部门团队成员之间的更高效地沟通,确保快速决策和决策的有效执行。

第四节　流程改进:持续优化

业务变化受到内部和外部因素的共同影响,但组织可以通过控制内部驱动因素来确保业务目标与战略的一致性。因此,多数流程实践者会优先关注内部驱动因素。业务流程改进的典型步骤包括:

- 确定需变更的流程。这通常借助业务流程映射等可视化工具来完成。
- 分析痛点。利用可视化工具和利益相关者的反馈来识别工作流程中的瓶颈、低效和冗余等问题。
- 进行根本原因分析。这一步有助于确定最佳的改进或问题解决方案。
- 设计和评估解决方案。这可能涉及简化活动、员工培训或引入新技术,如机器人过程自动化 RPA。同时,对所提方案进行分析和测试以确保其有效性也至关重要。
- 实施新流程。在此过程中,变更管理技术的运用对于确保新活动或技术的顺利采纳至关重要。
- 评估和量化结果。通过审查相关指标来确认流程是否按预期发生变化,并评估其实际效果。

针对流程改进,存在一系列成熟的方法构成的工具箱,旨在提升组织运作效率与整体业绩。业务流程再造(BPR)致力于完全重构流程,以显著提升组织效率和绩效,核心目的在于降低成本、缩短生产周期,同时提高产品质量,有瀑布式和敏捷式两种实施方式。精益管理旨在极力减少浪费、防止生产过剩,以优化资源配置和使用效率。六西格玛方法同样追求高效率与精减浪费,主要通过统计数据和证据为改进措施提供支持。改善(kaizen),聚焦日常操作中的持续渐进式改进,而不是依靠复杂的技术解决方案。质量管理着眼于流程的监控、改进及控制,确保产品与服务保持高效率的一致性交付。全面质量管理(TQM)在此基础上进一步,以顾客满意和质量持续提升为驱动力,激励整个组织在多方面追求卓越。上面几种重点流程优化方法的比较见表 6-11。

表 6-11　流程优化方法对比

方法	流程再造(BPR)	精益(lean)	六西格玛(6 sigma)		改善(kaizen)
定义目标/概念	重新设计流程,以提高效率,例如降低成本和生产时间、提高质量	通过消除不必要的活动来改进流程	减少流程的变异性		不需要使用技术,开展小的、渐进的流程优化
效果	存在流程的变化	减少工作流程时间	标准化流程		持续改进
阶段/技术	·设定流程的愿景和目标; ·确定需要重新设计的流程; ·理解并分析流程; ·识别和定义使用的 IT 技术; ·开发流程原型; ·实施重新设计的流程	·识别价值; ·定义工作流; ·开发工作流价值; ·基于客户选择进行生产; ·使用价值流映射和 A3 报告实现价值流目标	DMAIC: ·识别; ·测量; ·分析; ·改进; ·控制	DMADV: ·识别; ·测量; ·分析; ·设计; ·验证	·所有工人的参与; ·改进方法或者流程; ·小的增量改进; ·建立一个团队,作为变革和成功的驱动力
信息化使用	技术支撑	主要支撑	主要支撑		不涉及

一、流程再造方法(BPR)

通用的流程再造过程涵盖多个环节,包括设定流程愿景与目标、确定需重新设计的流程、理解并分析流程、识别并定义使用的 IT 技术、设计并开发新流程,以及实施重新设计的流程。

ABPMP(业务流程管理专业协会)所提供的流程生命周期方法,为流程再造的实施步骤提供了有力的参考框架。这一方法分为五个明确的阶段,确保流程的变革与组织战略和目标保持紧密一致如图 6-6 所示。

图 6-6　业务流程再造（BPR）过程

在第一阶段，即战略和目标的对齐中，核心任务是确保流程与组织的战略和目标相互协调。这一过程的起点是深入理解组织的战略意图和目标，进而制订出一套流程驱动的战略和计划。这套计划不仅为客户提供了鲜明的价值主张，而且为整个流程管理方法奠定了坚实的基础。它确保了流程、人员、系统和战略之间的跨功能协同，使流程能力与组织的整体方向保持一致。此外，本阶段还着重于识别需要优化的关键流程，并确保这些流程的绩效指标与组织的目标紧密相连。

进入第二阶段，即架构变更，工作的重点转移到了流程的深入分析和设计上。在这一阶段，流程分析设计人员会利用各种分析工具来吸收战略计划、流程模型、绩效数据、环境变化等多方面的信息。这样做的目的是全面理解组织内流程的优先级，并为后续的设计活动提供指导。所有的设计活动都聚焦在如何为客户创造更大的价值上，确保新角色和新流程能够为客户提供卓越的服务。

在流程分析阶段，主要任务是对与流程相关的所有活动进行细致的识别和检查，评估这些活动在实现组织目标方面的有效性和运作情况。通过运用绘图、访谈、模拟等多种技术手段，分析人员能够深入研究业务环境、组织背景、运营环境因素、行业特征，以及政府和行业的法规、市场压力和竞争态势等。无论是针对单一流程还是跨部门流程，流程分析都能揭示当前和未来的改进契机，这些契机可能涉及运营效率的提升、风险的规避和缓解和组织间的协同操作等。

流程分析过程会产生很多信息，包括组织战略目标的明确陈述，业务环境和流程上下文的描述，流程的输入和输出以及与之相关的内部和外部供应商、消费者的信息，每个业务单元在流程中的角色和切换，功能可扩展性和资源利用率，业务规则,流程性能的指标,以及确定提高质量、效率或能力等方面的业务机会。参与流程的人员必须对分析结果进行严格的审查,以验证信息的准确性和结论的可靠性。流程分析的结果为后续的流程设计奠定了坚实的基础。

　　进入流程设计阶段,充分利用流程分析阶段所获得的知识和信息至关重要。这些分析成果能够帮助更好地理解流程的运作机制、存在的问题以及改进的空间,从而为新流程的设计提供宝贵的参考和依据。虽然设计新流程的方法多种多样,但在流程设计的阶段,遵循一定的关键步骤和原则是确保设计有效性和成功实施的关键。

　　在获取了流程分析的信息后,便可以着手进行流程设计的工作。设计新流程作为这一阶段的核心任务,涉及明确新流程中的各项活动、制定活动的控制规则、规划功能部门之间的流程切换,以及设定新流程的绩效指标等。同时,还需要为新流程创建物理设计,并充分考虑到 IT 基础架构的需求和设计。通过模拟、测试和验收等环节,能够确保新设计的流程具备可靠性和有效性。

　　在流程设计过程中,需要综合考量多方面因素,包括业务目标、流程绩效目标、工作流、业务应用程序、技术平台、数据资源、财务和运营控制等。这些因素都需要在新流程或修改后的流程中得到充分的体现和整合。逻辑设计和物理设计作为新流程设计中的重要组成部分,共同构成了设计的最终成果,为流程改进后的整体性能提升奠定了坚实的基础。

　　第三阶段是开发举措阶段。在这一阶段会制订详细的实施计划,包括流程变更计划、技术更新计划、培训计划以及收益实现计划等。这些计划为下一阶段的实施提供了明确的路线图。

　　第四阶段,即实施变更阶段,是将第三阶段的计划付诸实践的过程。这一阶段需要制定一个结构化的实施时间表,涵盖目标运营、流程适配、风险合规等关键内容。每个阶段都有其特定的依赖项和前置条件,需要项目发起人和项目经理进行紧密的协调和管理。此外,技术上线也是这一阶段的重要任务之一,需要确保新技术和流程的稳定运行。

　　最后一个阶段是测量成功阶段。在这一阶段中,会根据最初的计划来衡量项目的实际效益，并监控其长期运营情况。此外，为了实现持续的流程优化和治理，组织还需要建立一个永久性的企业流程管理和治理模型。这一模型不仅包括对业务流程和技术的持续监控和测量，还涉及对变更管理、利益实现和技术计划的全面管理。所有这些信息和计划都被存储在流程和文档存储库中，以便进行持续的改进和优化，直到项目结束并由流程所有者接管。

二、精益（lean）

精益管理，源自 20 世纪 90 年代的丰田，已成为制造业中广受推崇的方法论与管理哲学。核心理念在于通过削减非必要要素，以显著提升价值。这一管理法不仅关注减少浪费、最小化资源投入，以实现最优化的产品产出，同时也着力于不断推动工作流程的持续改进与效率提升。精益管理体系包含众多核心工具及关键组成部分，具体内容如下：

价值流图作为精益管理中的一种图形化工具，用于展示实物流与信息流。它协助企业优化生产流程，识别并削弱那些对最终产品不增值的活动，成为探究浪费来源与沟通间的桥梁。

改善（kaizen）强调从前线员工至首席执行官的每一级员工及部门，都应参与连续微小的改进，进而达到显著的进步。此实践强调理解客户需求、授权员工以鼓励持续进步、维持透明度并以数据为改进之基础、专注于真正创造价值的活动，进而通过减少缺陷来自然提升产品质量。

看板方法在精益管理中也极为关键。作为一种拉动系统的可视化工具，看板的应用可高效地适应需求变化，帮助提升生产效率，并降低浪费。在采用看板的情况下，为了确保拉动系统的高效运作，生产周期时间与吞吐量成为衡量生产流程效率与可控性的基准。

5S 作为一种基于检查表的现场管理手段，为其他最佳实践的成功奠定坚实基础。5S 的五个要素，即整理（seiri）、整顿（seiton）、清扫（seiso）、清洁（seiketsu）和修养（shitsuke），均以拉丁化日语词汇首字母"S"命名。此外，现场走动管理（gemba walk）强调管理者亲临一线，深入实际工作场所挖掘问题，而非仅限办公室内的理论分析，将一线作为数据收集的核心区域。

PDCA（计划—行动—检查—调整）循环构筑了精益管理中持续改进的框架。这一方法搭配 A3 报告，综合了问题根源分析、整改措施以及执行计划，便于沟通展示及时地更新结果，已作为有效的沟通与实践工具广泛应用。

三、六西格玛（six sigma）

六西格玛方法起源于制造业，并由摩托罗拉公司率先采纳，是一种基于数据的方法论，其宗旨在于降低错误率，同时显著提升产品或服务的质量。该方法整合数据分析、经验判断，以及统计工具，对流程中的不足进行深入剖析，进而驱动改进。六西格玛的名称也反映出其主要目标：通过减少缺陷率至平均值的六个标准偏差以内，实现极高质量标准。

六西格玛方法采用了一系列技术和工具，为解决各种问题提供全面方案，并构建了改善流程的逻辑框架，具体内容如下：

- 流程映射：详尽记录和分析流程，为后续的分析和改善打下牢固基础。

- 因果图：识别影响质量的多种因素及其潜在联系，为问题解决揭示间接关系。

- 检查表和其他问题识别工具：提供系统化方法，确保问题被全面标识和记录，避免遗漏。

- 帕累托图及其他图形工具：通过图形化数据和信息，辅助团队快速识别问题的核心原因。

- 质量功能部署（QFD）：将客户需求转化为产品或服务的具体特征，以确保能够满足市场需求。

这些方法的应用，不仅极大地提升了产品和服务的品质，同时为企业带来显著的竞争力和经济收益。

此外，六西格玛重要的保证流程产出的可靠性和一致性的方法：DMAIC（定义、测量、分析、改进和控制），主要用于研究和细化现有流程，专注于识别和预防流程中的缺陷与不一致性。DMAIC 围绕着对业务问题的定义、测量、分析、改进和控制展开，具体实施流程如图 6-7 所示。

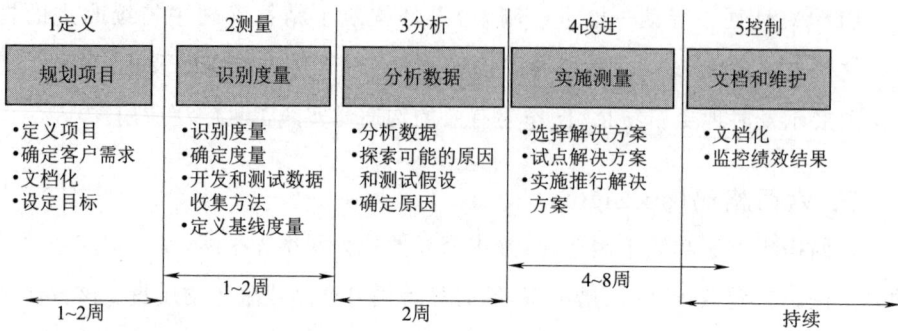

图 6-7　六西格玛具体实施流程

四、精益六西格玛（lean 6 sigma）

精益六西格玛，源于精益生产和六西格玛管理的完美结合，其核心思想是从客户的角度出发，致力于消除浪费、减少变异，提升客户满意度和企业效益。这一管理模式的出现，旨在通过整合精益生产和六西格玛的优点，弥补各自的不足，以达到更出色的管理效果。

值得注意的是，精益六西格玛并不是两种生产模式的简单相加，而是二者的互相补充与有机结合。这种互补性在实践中得到了充分的体现：精益生产注重流程优化和持续改进，六西格玛则关注数据分析和过程控制。通过将这两者结合起来，企业能够更全面地了解客户需求，优化生产流程，确保产品和服务的质量稳定。

五、全面质量管理（TQM）

质量管理的核心在于对组织内部的流程进行严格的监控、改进与控制，以确保所提供的产品和服务始终如一且有效地满足客户需求。为实现有效的质量管理，必须开展四项核心活动：质量规划、质量改进、质量控制和质量保证，将这些活动同流程、人员、文化和利益相关者紧密结合。

全面质量管理（TQM）与质量管理之间的关系可以理解为，全面质量管理是质量管理发展的一个高级阶段。在传统的质量管理中，主要关注点在于生产过程中的质量控制。然而，全面质量管理进一步拓宽了质量管理的范围，将焦点扩大至整个组织，包括市场研究、设计、制造和售后服务等环节。全面质量管理的目标是在最经济的水平上，满足或超越客户的期望，提供高质量的产品和服务。为实现这一目标，全面质量管理将企业内各部门的质量开发、维持和提高活动整合为一个高效体系。这一体系确保了产品和服务质量的持续提升，从而增强了客户满意度。

如图 6-8 所示为公司的流程优化方法，具体包括：说服利益相关者、定义流程范围、制订开发计划、流程文档化质量保证、流程文档评审与签发、流程实施、流程治理几个阶段。表 6-12 为乐高公司的流程优化案例展示。

 1 说服利益相关者	目的：说服业务经理认为流程文档化是个好主意，值得努力 行动：向领导团队和部门介绍流程文档化 工具和文件：愿景海报，使命/愿景/电梯演讲/流程架构
 2 定义流程范围	目的：就确切的文件范围达成一致 行动：决定流程结构级别 1～4，估计资源，确定流程优先级并制订总体计划 工具和文件：标准流程框架、模型、资源估计的关键数字和优先次序标准
 3 制订开发计划	目的：与直线经理和人员密切合作，为特定领域的流程文件制订详细计划 行动：决定作为流程建模专家接受教育，并计划流程的未来：开始日期、结束日期、关键资源等 工具和文档：流程建模专家能力简介和流程制度/流程工具
 4 流程文档化和质量保证	目的：记录 As-Is 流程 措施：引入流程架构，与相关流程所有者和专家一起进行练习，在流程建模应用程序中记录 As-Is 流程，审查流程并获得流程所有者的批准 工具和文档：便签、流程文档工具、乐高流程图规范
 5 流程文档评审与签发	目的：审查流程的准确性和流程文件的迭代 行动：签署并移交给流程所有者 工具和文档：流程文档工具审查
 6 流程实施	目的：通过发布和提供新的流程管理和文档系统，在部门内启动该系统的推广 行动：在接受反馈的同时对人员进行培训 工具和文档：关闭现有文档管理系统
 7 流程治理	目的：随时更新流程文档 行动：流程所有者的审查，乐高内部审计师执行审计 工具和文件：审计员培训

图 6-8 乐高公司流程优化方法

表 6-12　流程优化案例展示

营销请求流程	
业务问题	一家人寿保险和金融服务公司需要一种更精简的方式来处理数千个复杂的营销请求，包括创意设计、通信、印刷品、网络内容和销售支持
流程优化	该组织构建了一个自定义应用程序平台，使员工可以在一个地方创建和发送营销请求。通过这个平台，每个部门都可以查看请求的状态，并有一个标准化的流程来简化整个流程
流程价值	集中管理所有营销请求，方便员工查看和采取行动；提高了请求处理的效率；简化了流程并易于报告进度
索赔流程	
业务问题	一家保险公司多年来将多种信息技术工具拼凑在一起，创建了一个索赔管理系统。由于采用孤立的开发方法，维护成本很高
流程优化	使用管理平台来管理索赔请求、创建以及跟踪和批准 IT 请求，该平台的数据结构可以连接多个遗留系统，实现在新应用程序中的单一数据视图
流程价值	减少了手动数据输入的需要；提供实时、自助的报告机制；通过简单审核和可追溯性实现全流程可视性
员工入职流程	
业务问题	一家大型组织希望实现员工入职的自动化和加速，并确保没有关键步骤遗漏
流程优化	使用流程方法来管理招聘的整个生命周期，从候选人录取到入职。该应用程序的自动化功能促进团队之间的顺利过渡，触发和启动所需的 IT 支持、交付新员工文书工作以及向财务部门发出福利处理等任务。还使用机器人流程自动化（RPA）将新招聘数据输入 ERP 系统
流程价值	减少了处理新员工入职所需的时间和工作量；使入职步骤具有可执行性；使员工能够迅速融入团队并成为高效成员
项目管理流程	
业务问题	该组织的项目经理需要跨团队管理项目，但手动管理任务效率低下，如根据可用性分配资源、分配任务、控制执行、跟踪和报告进度以及预测未来趋势等
流程优化	组织为项目管理创建了一个基于流程的应用程序。项目经理从预定义的工作流中选择并分配团队进行工作，这将自动触发一系列任务。此外，系统会通知项目经理或执行管理团队关于任务延迟或瓶颈的情况，提供项目状态报告和仪表板
流程价值	减少与项目管理相关的时间和成本；将项目置于智能、动态的环境中，提供任务管理、里程碑进度跟踪、高管报告汇总、瓶颈识别以及第三方可见性等功能

续上表

合同管理流程	
业务问题	一家大型房地产公司希望降低错误率并提供无纸化审计跟踪作为合同管理流程的一部分
流程优化	选择构建一个自定义的应用程序以自动化合同管理流程，合同保存在一个协作工作场所供公司员工访问。还使用无代码和低代码连接器与企业应用程序集成，用于财务预算、项目管理和客户关系管理
流程价值	实现跨系统业务数据的集中视图；提高对物业管理的可见性，在引入新物业或管理现有物业时提供关键商业智能

合规与风险管理流程	
业务问题	该组织亟待加强其合规性和风险管理流程。为了提高公司披露信息的准确性和可靠性，并有效遏制公司和会计欺诈行为，进而增强投资者的信心
流程优化	该组织采用自动化工具，根据行业规定的框架来记录财务流程、分配控制测试、识别风险，并提出和跟踪问题。设计了一个独立的流程，使审计团队能够提出、跟踪和补救问题，同时还建立了另一个流程来创建调查报告并汇报结果。通过管理工具，该组织将所有审计信息整合到一个基于 web 的统一界面中，从而有效地管理财务风险并确保合规性
流程价值	显著减少了与管理流程和风险相关的时间和成本；提供了实时报告功能，可在仪表板上查看高风险问题；实现了在一个集中的环境中全方位可视化管理

采购流程	
业务问题	某政府组织希望提高运营效率并降低采购成本。为了满足这一需求，正在寻找一种高效的解决方案
流程优化	该组织基于采购流程解决方案为采购团队创造了一个高效且集成的"一站式购物"体验。这个系统是一个端到端的解决方案，在一个协作和流程驱动的框架中连接了采购运营、系统和人员，并为所有利益相关者提供了一个统一的平台来管理所有授标前、授标中和授标后的活动。尽管该系统已经标准化了采购最佳实践的使用，但它仍然保持灵活性，能够适应不断变化的需求
流程价值	有效确保政策合规性的执行；缩短了采购周期；节省了购置成本

租赁管理流程	
业务问题	一家拥有数千家门店的领先零售商此前一直使用各种不同的孤立工具来跟踪新的租赁交易，从始至终都需要大量的人力投入。为了提高这一流程的效率，正在寻求改进方案
流程优化	该零售商创建了一个工作流管理系统，消除了以前孤立工具的需求，并提供了一个统一的平台来管理商店租赁和协议。此外，还开发了一个应用程序，该程序集成了来自其他系统的实时数据源，包括存储在数据仓库中的记录、租约和财务数据等信息
流程价值	保证租赁协议谈判的有效性，节省了数十万元的成本；提高了流程的可见性，从而更好地跟踪谈判团队的绩效表现

续上表

服务请求记录流程	
业务问题	为了提供更好的客户服务体验,石油、天然气和化工行业的设备和服务供应商需要将设备的完整维修历史记录集中存储在一个易于访问的位置。同时还需要整合图像、电子表格和遗留系统等相关信息资料库
流程优化	这些供应商构建了一个应用程序作为前端解决方案供员工使用。这个新解决方案使得员工能够跟踪收到的服务请求、记录状态信息、输入服务成本数据并确认已支付发票等操作流程均可在移动设备上完成且不受地点限制
流程价值	强化了跨多个部门间的协作能力进而改善了客户体验,使得企业能够以更高效的服务周期在更短的时间内处理更多的服务请求并提升管理效率

第三篇

流程运营价值：从目标到运营

第七章

从执行角度看流程：成本与合规

企业在日复一日的运营过程中。由于现实中存在各种不同的业务场景，当初设计的流程在执行过程中不可避免地遇到各种问题。流程执行的效果如何？是否按照当初流程设计的要求在执行？是否有存在浪费的情况？这些都是流程执行过程中值得关注的问题。流程成本评估，流程执行合规检查和流程问题诊断都是应对这些问题的常用方法。

第一节　流程执行成本：隐藏的非财务成本

一、组织功能失调与隐藏成本

在商业环境中，"组织功能失调"指的是那些持续干扰公司正常运营的问题或挑战。这些问题不仅阻碍公司有效实现目标，还影响人力和物力资源的充分利用。根据萨瓦尔和萨尔德特(2008)的研究，组织功能失调主要表现为六种类型：工作条件欠佳、工作组织不合理、沟通/协调/合作不畅、时间管理不当、综合培训不足以及战略实施受阻。更为严重的是，功能失调往往导致隐藏成本的产生，这些成本难以监控和管理，其中，关键的隐藏成本包括生产差距、非质量活动、旷工、职业病和人员流动等。

组织绩效不佳通常与功能失调及其引发的隐藏成本密切相关。这些隐藏成本代表了企业未能识别的成本和绩效损失。例如，营销和研发部门间可能存在的沟通或协调障碍，有可能导致新产品开发的延误。然而，在实际操作中，这些隐藏成本往往被公司管理层所忽视。因此，通过优化跨部门协作以降低隐藏成本，组织绩效有机会得到提升。

　　组织中存在问题并不罕见，但当揭示出因功能失调而导致的价值损失时，其严重性可能令人震惊。根据企业和组织社会经济研究所（ISEOR）的数据，普通组织的平均隐藏成本每年每位员工超过 20 000 美元，而在高科技公司或重型制造业中，这一数字可能高达每年每位员工 80 000 美元。简单地将这一数字与员工人数相乘，即可大致估算出组织每年因此损失的金额。现代会计体系中约有40％的财务状况无法准确衡量，这很大程度上是由于隐藏成本所导致的损失。为了在竞争激烈的市场中保持高效和竞争力，领导者必须获取准确而完整的信息以作出明智的决策。隐藏成本管理填补了传统会计与组织实际财务状况之间的信息空白，为领导者提供了更加全面的视角，如图 7-1 所示。

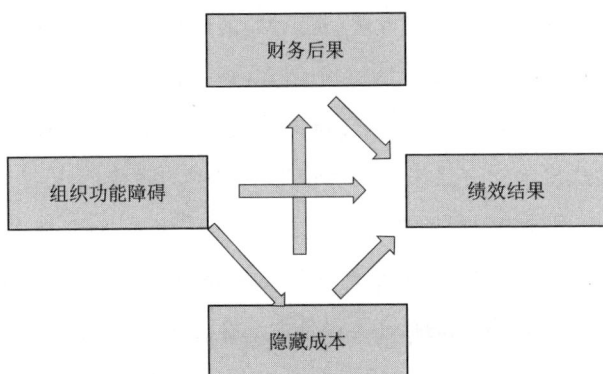

图 7-1　组织功能失调与隐藏成本

　　隐藏成本指的是那些未能在公司信息系统中体现的成本，如预算外支出、损益账户未记录项目、普通会计和分析会计无法捕捉的成本以及实验记录簿外的费用等。与之相对，"显性成本"是指所有在公司财务记录中明确体现的成本类别。隐藏成本在解释组织运作质量（或质量不足）方面具有很强的说服力。显性成本虽然可以衡量成本金额和偏差,却无法深入分析问题的根本原因。相反,隐藏成本实际上是对现象的揭示,有助于深入了解企业的运营状况。例如,高昂的与旷工相关的隐藏成本揭示了企业运营受到的负面影响以及为弥补这类缺勤而采取补救措施所需的相关成本。"降低隐藏成本"与绩效提升密切相关,绩效的下滑往往意味着成本的增加。因此,从本质上看,绩效提升可视为成本的降低或产品价值的增加。

二、评估隐藏成本:SEAM

当组织遭遇问题时,人们往往倾向于归咎于某个个体。然而,必须认识到,组织是一个复杂的系统,其中任何一个环节的故障都可能影响整体运行。因此,单纯指责个人并无法根治组织的问题。实际上,一个不健康的系统往往是问题的根源所在。当前,将问题推卸给员工在商业实践中屡见不鲜,但这种做法既不公正,也会导致员工工作效率的下降。组织的问题和功能障碍是造成资源浪费的主要原因,而大多数员工都渴望为组织的成功贡献自己的力量。为了解决这些问题,一种名为社会经济管理方法(SEAM)的应对策略应运而生。

SEAM,由亨利·萨瓦尔于1973年创立,是一种独特的管理方法,旨在协调组织在经济和社会方面的绩效。与传统的指责式管理不同,SEAM提供了一种系统的、经过实践检验的方法来评估和应对组织中的隐藏成本。

该理论指出,现行的管理思维模式过于偏重经济层面,而忽视了人的因素或所谓的"软"方面。然而,这种短视的做法最终会导致组织生产力和利润的下降。SEAM的核心信念在于,组织的存在不仅是为了盈利,更重要的是服务社会和员工。

组织社会经济理论方法进一步强调了企业经营质量的重要性,尤其是资源的运作能力。这需要从多个维度来衡量,包括数量与质量、物质与实体、货币与人力等。该理论不仅有助于我们深入理解企业的功能障碍问题,还为企业应对生存挑战提供了指导。这些功能障碍阻碍了企业目标的实现和资源的有效利用,导致了大量的浪费。

社会经济管理方法的独特之处在于它关注隐藏成本的计算。换句话说,它将财务数据与组织的低效因素联系起来。通过有效管理这些隐藏成本,中层管理者和员工能够显著提升工作质量和生产率。这些隐藏成本与员工的工作关系和质量紧密相连，但通常被排除在关键绩效指标（KPI）之外。例如，企业可以通过缩减规模或调整运营来减少显性成本，同时通过提高现有劳动力的效率来降低隐藏成本。

隐藏成本，作为组织功能障碍的货币化体现，源于应对或解决这些障碍所产生的管理成本。例如，当角色和职责不明确时，会导致大量不必要的沟通协调，这种沟通成本便是一种隐藏成本。

要识别隐藏成本，可以从两个方面入手：一是因管理干预而产生的浪费或必要成本；二是机会成本，即因低效活动而未能实现的价值。例如，员工的时间本应用于处理更重要的客户事务，却因不必要的跨部门沟通而被浪费。这些隐藏成本可以转化为具体的财务数据，如员工工资。员工参与不必要沟通的时间成本可以换算成相应的工资损失。此外，还可以计算其他隐藏成本，如员工旷工、工作返工等。

隐藏成本信息对组织具有双重价值。首先，它能够提高员工和领导者的意识，使他们更愿意投入精力解决成本高、风险大的问题。其次，它为领导者提供了宝贵的额外信息，以支持更明智的决策。对于隐藏成本的管理，其思路与组织改进或变革相一致。通过关注和管理这些隐藏成本，组织能够显著提升运营效率，实现更可持续的发展。

表7-1展示了如何计算由项目设计质量缺陷和生产力差距导致的跨部门沟通协调的隐藏成本。这个案例直观地揭示了组织日常运营中难以察觉的成本，如返工、投诉、沟通等。

表7-1　隐藏成本计算示例

指标	超额时间			非创造潜力			隐藏成本总计
	定性结果	定量结果（每年所花费的小时）	财务结果（元）	定性结果	定量结果	财务结果（元）	财务数据（元）
1.质量缺陷	解决方案问题	5 887.5小时	8 883 000	创新举措有立项但没有实施	未成功实施的创新举措比例:80%	10 200 000	12 963 000

续上表

指标	超额时间			非创造潜力			隐藏成本总计
	定性结果	定量结果（每年所花费的小时）	财务结果（元）	定性结果	定量结果	财务结果（元）	财务数据（元）
2.直生产力差距	协调周期长，时间延迟	375 000 小时	287 550 000	创新规划比例低于行业标准	创新项目规划比例差距:2%	4 080 000	297 750 000
3.旷工	N/A	/	/	/	/	/	/
4.工伤事故	N/A	/	/	/	/	/	/
5.人员流动	N/A	/	/	/	/	/	/
总计	/	380 887.5 小时	296 433 000	/		14 280 000	310 713 000
分类	历史成本			机会成本			/
隐藏成本（总计/年）	310 713 000						
隐藏成本（项目/年）	1 243 000						
隐藏成本（人/年）	106 000						

三、评估流程成本:ABC

作业成本法(ABC)是一种独特的会计方法,其核心在于将成本分配给各个流程活动,而非直接分配给产品或服务。ABC 并非旨在消除或改动成本,而是致力于提供详尽的数据,揭示流程中实际消耗的成本情况。为了有效评估成本,该方法强调识别活动所消耗的资源以及由此引发的成本或效率问题。因此,ABC 在组织管理开销方面发挥着举足轻重的作用。

通过基于成本的流程活动分析,企业能够对比项目重新设计前后的流程成本变化,进而识别出哪些流程真正创造了价值,哪些对于吸引和留住客户至关重要。同时,这种方法也有助于降低运营成本。当组织面临高昂开销、效率低下等严峻问题,或是身处激烈的外部竞争环境时,可以使用这种基于流程或活动的细颗粒度的成本管理方法。

第二节 流程执行合规:将风险融入流程

对于商业组织而言,风险管理已然成为其取得成功的关键因素。全球各地的政府组织正在加强对从会计实践到产品安全再到质量保证等各个方面的监管,这使得合规成为一项紧迫的任务。在这样的背景下,风险和合规管理成为几乎每一位企业高管的首要任务也就理所当然。

然而,在企业中,信息繁杂、流程复杂且参与人员众多,如何有效获得必要的控制,以满足内外部的风险和合规要求呢? 答案在于"流程"二字。长期以来,流程一直是组织构建工作方式的核心要素。将流程管理作为一门学科来支持风险管理,是获得竞争优势的明智之举。实际上,风险管理和合规更多地与流程相关,而不仅仅是人员或数据。通过控制流程、确保流程的一致性,记录流程中的每一个细节(包括相关人员、操作和数据),组织能够显著降低风险,实现对各类规定的合规。这种以流程为核心的风险管理方法,不仅有助于企业应对日益复杂的监管环境,还能提升组织的整体效率和竞争力。

一、流程体系与风险

风险管理的基本目标在于判定风险的接受度及其潜在后果,进而构建减轻甚至完全规避风险的机制。终极目标是在接受风险与采取控制措施之间寻求平衡,既要承担适度风险,又要实施所有必要的控制措施以降低或消除风险。风险管理作为强大工具,能确保组织在聚焦核心业务的同时,不过度承担风险。

流程的建立旨在使组织能够顺畅地创造、开发、生产、销售和服务其产品或服务。这些流程不仅涵盖日常运营活动,还包含针对先前判定为不可接受风险的特定缓解措施。这些措施与流程紧密相连,共同构建组织的风险管理框架。

然而,现实情况中,流程与风险管理往往由组织内两个完全独立的小组分别负责。例如,流程起初由 IT 部门管理,后逐渐转由首席财务官(CFO)或首席运营官(COO)负责,而风险和控制通常仍由单独的风险管理部门或质量管理部门承担。这种分割状况导致信息孤岛和重复工作的产生。

为解决这些问题,建议将流程与风险管理整合至同一知识库中。以采购风险控制为例,该流程旨在使预算负责人在预期采购发生前对其可行性进行评估。若采购流程和风险控制文档均在同一存储库中管理,将大幅提高效率。这将使组织能够将风险和控制与相关流程实际联系起来,从而全面、综合地了解流程的执行情况和风险的实际发生情况。

设想这样一个场景:组织的流程、风险和控制均已在流程管理平台中详细记录,且风险与流程的各个层级相关联。这样的设计不仅提供对流程的深入理解,还通过流程挖掘和任务挖掘等技术手段揭示流程的实际执行情况。当组织即将按照某种标准(如 ISO)接受审计时,可以在流程存储库中轻松导航至相关流程,并立即查看审计范围内的流程及其风险控制措施。这种能力不仅可以减少组织在准备审计时的投入精力,还可以向审计员展示组织对流程的风险控制能力和流程的可控性。

然而实际上,许多公司缺乏集中、一致的方式来记录业务风险。这导致不同职能部门和部门之间在风险管理方面的做法不一致,缺乏全组织的共同视角。一个组织在风险管理方面的情报越多,其准备就越充分。但当监管环境发生变化或即将进行法规更改时,需要更严格、更成熟的风险管理方法。此时记录流程及其相关风险将有助于组织提前做好准备并提高其风险管理水平。

在理想的风险管理框架中(见图 7-2),公司应以跨部门的视角记录所有风险并以易于理解的格式提供给员工访问。稳健的流程管理实践是管理整个组织风险的强大机制。有据可查的流程为员工提供了单一的事实来源以了解组织的运作方式和职责,并解释了任务、利益相关者、使用的系统以及数据流等信息。这种对业务的深入了解使组织能够捕获整个流程中的风险,先发制人地识别潜在风险并对其进行控制,从而确保组织的稳健运营和持续发展。

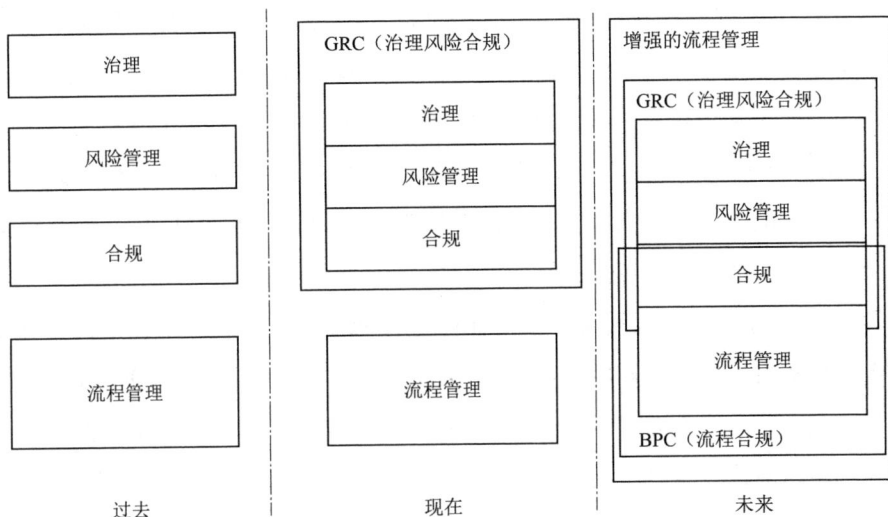

图 7-2　风险管理框架

二、流程框架与风险

在将风险管理与业务流程相结合的过程中，有两个至关重要的实践方向。首先，通过明确定义流程框架或层次结构，将风险与之紧密关联，可以实现组织风险的全量可视化管理。其次，需要实现风险与流程变更的集成管理，以确保二者之间的协同与一致。

传统上，风险控制通常采用"静态"方法，即无论涉及的流程或相关方如何变化，风险控制措施都保持不变。尽管这种方法在初期可能有效，但随着组织规模的不断扩大，它可能导致风险记录数量的急剧增加。每次新风险出现时，都会产生独特的风险记录，最终形成一个庞大且难以有效维护的风险登记册。当多个流程或功能中出现相同风险时，从流程管理的角度进行风险管理的优势就显得尤为突出。

采用以流程框架为中心的风险管理方法可以显著提高组织内风险的可见性，进而降低风险维护的成本和工作量。其显著优势在于，可以根据风险发生的具体流程（甚至具体任务）为同一风险分配不同的控制措施。例如，对于"记录的客户数据不准确"这一风险,它可能在多个流程中出现,但针对这一风险的控制措施将根据特定流程的具体情况而有所不同。如果风险发生在营销流程中,控制措施可能侧重于客户关系管理(CRM)数据的清理;如果风险出现在销售流程中,控制措施则可能集中在不同文档(如采购订单、发票、交货通知单等)之间的客户信息匹配上。这种方法有助于保持风险登记的合理性和针对性,确保根据风险发生的具体场景应用最恰当的控制措施。

此外,风险管理还需要考虑不同颗粒度的问题。例如,工厂关闭的风险可能与组织的战略方向紧密相关,采购风险则是更低层次流程和风险的具体体现。在修订或调整战略方向时,基于流程的风险管理能够发挥至关重要的作用。通过与战略相关的风险与高层次的流程框架相关联,并与流程规划相结合,可以确保在战略调整过程中同时考虑风险和流程的影响。这通常会引发一系列新的流程活动和新的风险的出现,通过以流程为中心的风险管理方法,这些风险可以得到有效识别和管理。

将以流程框架为中心的风险管理方法融入日常流程运作也是其一大优势。流程管理方法的核心在于监控流程执行的效率和效果,通过将风险要求融入日常流程执行监控机制,可以使风险在日常工作中得到持续关注和及时更新。如果风险与业务流程一同存储和变更,这将确保风险信息得到定期审查并保持最新状态,从而有效避免流程管理中可能出现的最大问题之一:流程漂移,即流程与业务需求不匹配的情况。

为了有效实施联合风险管理,可以遵循以下三个关键步骤:首先,选择关键业务流程作为风险管理的重点;其次,在这些关键业务流程中引入可重复的控制措施,以确保风险得到持续有效的管理;最后,确保能够追踪这些关键业务流程中每一项行动的审计跟踪,以便在出现问题时能够及时发现并采取相应措施。

至于如何实现不同组织之间的实时互通,一个有效的做法是集成风险变更和流程变更。在变更过程中,对每个提议的变更进行仔细分析,以确定其对流程管理平台中其他流程和风险的潜在影响,从而避免意外的副作用。通过这种方式,可以实现知识透明度和跨组织协作的目标,促进不同组织之间的有效沟通和协作。

三、流程合规

合规性是指确保业务流程、运营及实践活动符合规定。这些规定可能源自多个方面，例如法律和监管机构（诸如萨班斯－奥克斯利法案、巴塞尔协议 II、HIPAA）、行业准则和行为守则（如 SCOR、ISO9000），乃至业务合作伙伴之间的合同。合规性涵盖范围既包括政府法规、行业标准，也涉及公司自身的内部政策。对于企业的平稳运营而言，这种合规性具有至关重要的意义。

然而，随着业务的不断发展和监管环境的持续变化，合规性的要求也日趋复杂。对于那些在多个国家运营且需要满足各国不同规定的组织来说，维持合规性尤其具有挑战性。这一过程往往需要大量的人工参与，使得合规性管理成为一项既耗时又复杂的任务。尽管有专门的团队致力于维护流程合规性并审查审计结果，但合规性的要求和指导方针始终处于动态变化之中，受到多种因素的影响，如行业特性、公司规模和客户数据等。

在合规性管理中，需要明确区分两个关键概念：流程合规与流程遵从性。流程合规，亦称法规合规或外部合规，主要关注组织外部的法律法规要求。这些法规通常由法律强制执行，违反者可能会面临民事或刑事处罚。相对而言，流程遵从性，也称公司合规或内部合规，侧重组织内部的规则和标准。这些规则可能基于外部标准制定，但它们并非法律强制要求，而是组织自愿遵循的。流程遵从性还包括内部审计、员工培训等多个环节。

作为风险管理的一个重要方面，流程合规管理在高度监管的行业中尤为重要。它有助于确保组织符合所有适用的法规要求，同时也能降低其他类型的公司风险。通过将控制活动与日常业务运营紧密结合，流程合规管理能够有效地保护组织免受潜在风险的影响。与所有形式的风险管理一样，流程合规管理也需要对风险进行分析和优先排序，以尽量减少风险的影响。然而，需要明确的是，流程合规管理的范围相对狭窄，主要关注与不合规相关的风险，风险管理则更广泛地涉及各种类型的风险。例如，防止黑客访问知识产权的措施可能并非法律强制要求，但它始终是商业运营中的重要考量。在这种情况下，这些措施被视为一种风险管理形式，而非流程合规管理。

有人可能会提出疑问:为何需要单独管理流程的合规性要求?原因主要有以下几点:首先,商业目标与合规性目标的来源不同,企业的商业目标可能多种多样且灵活变化,合规性目标则更多由外部法规和标准决定,随着时间的推移而发生变化;其次,这两个目标关注的焦点也不同,合规性主要关注规范的要求和执行情况,商业目标则更加关注市场的变化、竞争态势以及盈利能力等方面;最后,商业目标与合规性要求之间可能存在冲突、不一致或冗余的情况。因此,单独管理流程的合规性要求有助于确保组织的业务运营始终符合法规和行业标准的要求。

流程可以被视为一个媒介,它整合了信息系统中的数据与合规信息。这种整合可以与流程管理的全生命周期相结合,包括合规设计、建模、监控和持续改进等环节。所以,将合规要求融入流程是至关重要的,这可以避免因违反法规和行业标准而产生的重大损失,如图 7-3 所示。最佳实践之一是在关键流程中实施监控和改进管理。这些流程通常对业务目标的实现具有重大影响,因此应成为组织管理流程合规性和风险的重点关注领域。

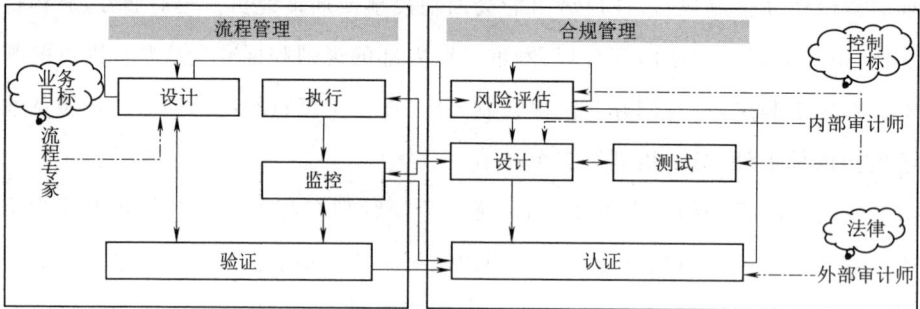

图 7-3　合规和流程的融合

鉴于合规要求的多样性和复杂性以及这些要求可能频繁变化的情况,流程合规管理确实是一个庞大而复杂的问题领域。如何支持流程合规?要有效支持业务流程的合规性,首先需要确保流程的透明度和问责制的落实。这包括为流程设定明确的关键绩效指标(KPI)并明确流程责任归属。通过这种方式,可以全面管理流程的绩效和合规风险。此外,定期提供有关流程性能的详细报告有助于深入了解当前存在的合规风险以及需要改进的领域。

数字化技术为流程合规管理提供了有力的支持手段。其中，流程挖掘作为一种流行的自动化工具，可以通过对比分析流程模型与实际执行情况来实现合规性检查。这种工具能够从各种源系统中提取数据并描绘出流程的实际执行情况。利用这些数据，组织可以实时确定合规风险是否得到了有效管理以及何时出现了潜在的不合规情况。此外，通过在整个流程中可视化风险，组织还可以识别出尚未采取缓解措施的风险点从而将风险管理资源集中在最关键的领域。

提高数据质量也是确保流程合规性的关键因素之一。随着组织使用各种应用程序处理大量数据，人为错误可能导致高昂的业务成本并影响合规性。为了应对这一挑战，组织需要采用自动化的数据输入方法来提高数据准确性和生产效率从而确保流程合规性。

为了确保流程模型始终反映当前的管理要求和合规性标准，组织还需要定期更新和优化流程模型。如果忽视这一点，组织可能会面临"流程漂移"的风险，即实际流程与合规性要求之间的差距逐渐扩大。因此，定期更新和优化流程模型是确保持续合规性的重要措施。

综上所述，通过综合考虑数字化技术的应用、良好的流程设计、问责制的落实以及持续监控和改进管理等措施，组织可以有效地支持业务流程的合规性并确保业务运营始终符合既定的法规和行业标准的要求。这将有助于降低潜在风险、提高运营效率并推动组织的稳健发展。

第三节　流程问题诊断：主动洞察业务

高效流程可助力企业规范管理、提升效率，进而促进人效提升。然而，推动流程优化时，众多管理者忽略了有效诊断与洞察，止步于简单梳理与调整，未能触及流程本质问题。要解决这个问题的根本解决方法是立足整体业务价值链和端到端流程，探究潜在问题与业务瓶颈。

　　例如,采购订单发货延迟的问题,管理层往往难以精确掌握其背后的原因。由于执行过程中的透明度不足,设计成本和物料成本控制也变得困难重重。更为复杂的是,每项流程中的跨部门协作涉及采购、研发、供应链等多个部门,流程显得错综复杂。这种情况下如何通过流程诊断来解决如上的问题?

一、启动流程诊断

　　首先需要确定诊断的流程范围和优先级。正式的流程诊断是基于现状的流程开始的。首先从业务价值链出发,通过管理层访谈,明确并定义业务价值链和各部门的价值定位,理解管理层视角对部门的定位,可以确保流程诊断工作在最有价值的地方开展。

　　另一个重要的动作是,流程和业务目标挂钩,确认流程的未来目标,如采购效率的提升、物料成本的下降等。同时,初步预估优化后的潜在业务收益和运营效益提升。结合深度访谈,根据确定的目标逐步分解当前业务存在的调整和问题,找到流程优化的根本问题,整合过程是通过全面的流程诊断定位核心问题,并对这些核心问题给出原因分析。

　　在流程诊断过程中,数据的获取十分重要。采集准确、完整、及时的流程数据是保障流程分析洞察质量的关键抓手。数据可以包括定性数据和定量数据。传统的方式可以采用访谈、调研和资料阅读等完成定性数据的收集。为更好地洞悉现状,发掘流程痛点和预期差距,访谈关键流程负责人及核心业务成员是一个有效的手段。通过制定一系列的流程访谈问题,涉及流程执行情况、瓶颈、预期效果等方面,并面向不同的群体有针对性地采集流程信息。另一个数据获取的渠道是从现有信息系统中获取数据,包括业务目标及趋势数据、交易数据,流程数据等,也可以采用数字化的工具支撑,例如流程挖掘工具,可以实时还原流程现状,还可以发现流程瓶颈。

　　流程诊断中数据的质量对于洞见结果有直接的影响,所以数据应来源于可靠渠道,并予以正确记录与存储。如果数据存在操纵、篡改或错误风险,将无法依赖这些数据进行有效的流程诊断和决策。数据还需要完整性。数据应覆盖分析洞察所涉及流程的各个环节,缺失数据将导致流程关键步骤和关联性理解缺失，无法形成准确的分析和优化意见。另外需要考虑的是数据的及时性，数据可在需要时及时收集、处理、传递和使用。当前的流程问题和过一段时间的流程有可能会发生变化。所以，和众多的部门和角色深入沟通是流程诊断过程中最耗时的阶段。

二、确认诊断发现

数据分析是确认诊断的基础。分析的过程不仅需要对于现有数据的整合、抽象和关联，还需要对于业务有敏感度，所以可以邀请业务专家参与这个过程。数据分析过程可以采用一些模型辅助，例如战略工具、价值流工具、根因分析工具等。

另外需要注意的是，每个流程都互相作用、互相影响，除了流程诊断的关键对象，例如本例中的采购流程，还涉及其他相关的流程，例如采购质量设计流程。与之紧密相关的关键流程通常涉及不同部门、职能和利益相关者之间的协作和协调。因此，在考虑解决方案时跨部门通盘考虑尤为重要，促进整体业务的协同和协调。所以，不但要解决当下部门直接相关的流程核心问题，还要重视部门所涉及的其他业务流程。

诊断的关键发现包括关键问题、未来待优化的流程、原因的关键发现。

三、诊断问题管理

诊断分析之后，企业可以开展如下几种应用：

首先最直接的是开展以价值为导向的流程优化。制定、评估和优化措施，依据预期效益规模、实施难度等维度确立措施优先级，拟定实施路径，建立持续追踪机制。在上述工作完成后，由管理团队达成共识，明确优先级及指派责任人，展开优化落地。

另外一种应用是针对管理层，可以将诊断的流程问题做持续性长期管理。一部分纳入存量的流程变革规划项目，另一部分纳入流程监控度的持续监控，待合适的时机纳入优化改进。

从流程管理的角度，流程诊断可以实现流程成熟度的持续管理。依据流程目标主动开展流程诊断，识别流程差距，作为流程改进的关键输入。这种做法不是以业务问题或者某个业务目标的临时事件触发的，而是流程日常监控的必备动作，是流程所有者的责任，是主动发现流程问题，将流程作为版本和资产管理的一种工作手段和表现，尤其是跨领域端到端流程的诊断，可以从企业层级带来更高的价值。

总体来看，企业可从以下三个角度出发洞察流程，收获长期效益：

- 业务角度：提升流程管理的主观能动性，确保流程实现业务目标和价值，改善盈利情况。

- 管理角度：协助管理层及时发现流程断点和瓶颈，挖掘根本原因，找到优化举措与路径，提升企业效率和竞争力。

- 技术角度：运用数字化技术手段，更高效、更低成本地获得更加全面深入的业务流程洞察，跟进流程提效的实效。

第八章

从绩效角度看流程：驱动变革与改进

近年来，业界已经开发出多种内部绩效评估方法。尽管这些方法的目标不尽相同，导致它们的特点和侧重点各有差异，但仍存在一些共通之处。

传统绩效管理主要关注企业的盈利能力和业务增长，强调对整个业务的指导、管理和监控。为了有效管理这些关键指标，管理者需要依靠一系列传统的管理手段和方法，如规划、协调和控制，确保其一致性和协调性。

平衡计分卡，这个由卡普兰与诺顿于 1992 年提出的理论框架，从财务、客户、内部流程以及学习与成长四个维度出发，协助企业将愿景与战略转化为具体行动。该工具被广泛应用于追踪公司层面、战略业务单元乃至更低层次组织单位的业务绩效。

方针管理（或称自我评估）允许企业依据预定的标准和框架进行自我检视，进而分析改进机会。这个框架通常由质量管理协会制定并推荐。通过自我评估，企业能够客观地识别自身的优势和不足，制定持续改进的战略愿景。

流程绩效衡量方法专注于评估单个流程的绩效。这类方法以流程目标为出发点，建立相应的标准来衡量流程结果。这使得流程管理者能够评估流程的绩效，并在必要时采取纠正措施。其中，一种基于工作流的监控是利用工作流系统自动或半自动地分析流程变化、协调流程活动以及参与流程配置的员工之间的沟通。此过程中生成的大量数据经过自动处理和分析后，能够提供有关流程成本、处理时间或流程积压等方面的有价值信息。

统计流程控制是一种将统计方法应用于任何流程的测量和分析的方法。其主要目标在于减少流程的变化，确保过程的稳定性，从而使流程属性和输出变得可预测。这一方法在产品质量规划中发挥着关键作用，因为它能够预测产品是否满足客户的需求。

一个全面的衡量系统不仅包括效率指标，还涵盖有效性指标，以全方位地评估绩效。总结来说，传统的绩效控制方法——平衡计分卡、方针管理，这两种方法更关注整个公司或组织单位的绩效，尽管它们的绩效评估路径截然不同，流程绩效衡量系统主要聚焦单个业务流程的绩效；统计过程控制、基于活动的成本计算和基于工作流的监控主要用于衡量单个过程的效率方面。各类绩效管理方法/系统区别如图 8-1 所示。

	聚焦 整个业务或者组织单元	聚焦 单个业务流程
广义的性能 （效率和有效性）	平衡计分卡 自我评估	流程绩效测量
狭义的性能 （主要衡量效率）	传统控制	基于活动的成本监控；流程 控制统计

图 8-1　各类绩效管理方法/系统区别

第一节　度量业务成功：打开结果的"黑盒子"

一、传统绩效与流程绩效

传统绩效管理模式往往将经营模式视为一个不透明的黑盒子，导致业务过程的效果和效率难以衡量。因此，管理者通常只能在业务结果呈现后才开始实施管控和协调措施。由于业务过程类似"黑盒子"的不透明性，对业务结果的改进和协调措施往往缺失。在大多数情况下，改进措施主要依赖于组织结构，即通过调整"人"和"部门"的因素来纠正业务结果的偏差和不稳定性。这种以组织结构为基础的传统绩效管理方法存在一些明显的管理陷阱，见表 8-1。例如，对绩效问题的界定往往过于关注个人因素，而忽略了与绩效改进密切相关的更广泛因素；对绩效问题的解决往往只关注结果和表面现象，而没有深入分析导致绩效差距的根本原因；同时，绩效问题的解决方案往往基于主观经验和片段式的思考，缺乏系统性和全面性。因此，为了解决业务的综合问题，需要采用更加系统和全面的方法来解决绩效问题的本质。

表 8-1　传统绩效管理陷阱

一般情况	实际上
• 一些高管提出的问题只是听闻片段信息，这导致他们倾向于猜测可能的原因和解决方案。 • 组织绩效问题的界定往往会受到可提供的解决方案的影响。这意味着，如果一个解决方案很方便或者很流行，它可能会被优先考虑，而不管它是否真正解决了本质的问题。 • 部门管理者提供的解决方案，往往会依据感觉最轻松最擅长的解决方案来界定绩效问题。 • 部门管理者提供的绩效改进解决方案往往是解决问题不是解决本质，例如通报批评、人力培训、换人解决等	• 在绩效改进中，往往最终促成绩效改进结果的措施方案中，执行者个体微乎其微，简而言之，应该关注的是绩效执行者，而不是绩效。 • 真正认识到自身差距且需要改进的组织实属罕见，组织中的绩效执行者很少能主动改变自身所在的系统。 • 多数情况下，组织系统如果改变，需要组织级部门、业务角色、业务管理措施来保证

流程绩效测量方法正是为了弥补传统绩效管理的这些不足而设计的。它能够将过程绩效和经营结果紧密关联起来，从而打开企业经营管理的"黑盒子"。流程绩效并不是简单评价流程本身，而是评价企业整体或局部实际业务运行的结果。这种评价方式与传统绩效管理的分解逻辑存在明显的区别。通过流程绩效的测量，企业可以更加清晰地了解业务过程的实际情况和效果，从而更加有针对性地制定改进措施和优化方案。流程绩效区别于传统职能型绩效管理的分解逻辑，如图 8-2 所示。

流程绩效分析建立在系统科学方法之上，它采用了一种逆向思维，即从终端问题出发，以终为始，这与常规方法从起始端提问形成鲜明对比。因此，流程绩效的探讨是以组织经营绩效结果作为问题解决的起点绩效与结果紧密相连，旨在缩小当前状态与未来期望之间的差距。并通过组织目标、流程目标和岗位目标的逐级分解来实现,如图 8-3 所示。

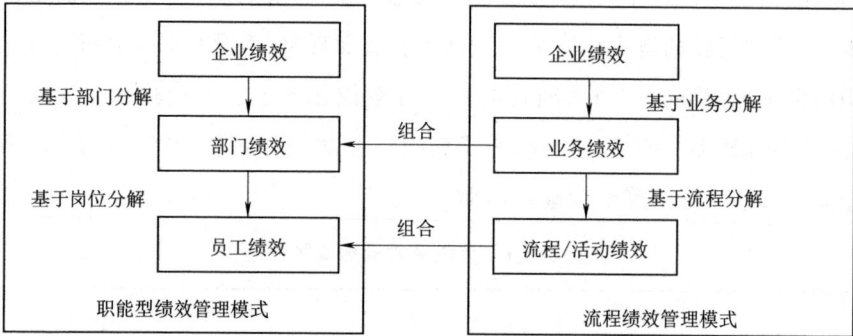

图 8-2　流程绩效区别于传统绩效的逻辑图

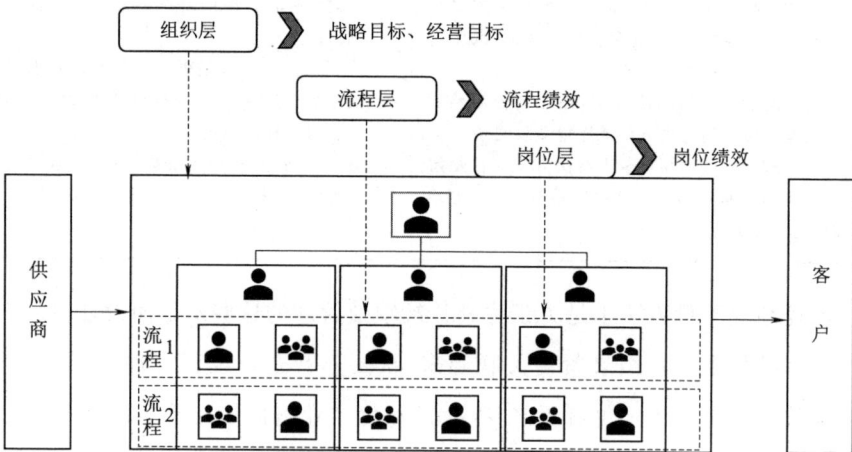

图 8-3　逐级分解示意图

在流程绩效分析的全过程中,重点聚焦于运作模式和过程的深入剖析。这样做的目的是确保组织的客户能够从流程中真正获得价值,这是解决问题的关键所在,而非仅仅关注绩效的执行者。流程绩效分析将组织视为一个整体系统,从组织运作的各个方面入手进行分析,这包括对组织、角色、技能、流程、技术等运营模式的全面审视。因此,流程绩效分析能够以全面而系统的视角来洞察工作环境,进而识别出对组织结果产生影响的所有子系统。

二、流程绩效与流程框架

流程绩效矩阵,由艾伦·布拉奇所提出,呈现为一个九宫格形式,该矩阵融合了企业级、流程级以及活动级的各项指标,如图 8-4 所示。

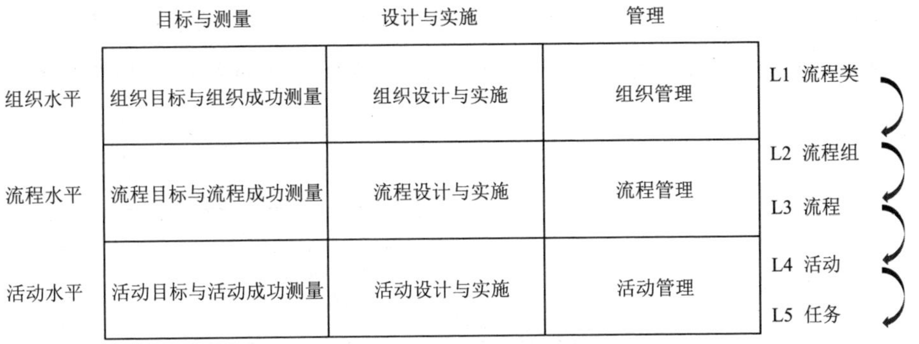

目标与测量	设计与实施	管理	
组织水平	组织目标与组织成功测量	组织设计与实施	组织管理	L1 流程类
流程水平	流程目标与流程成功测量	流程设计与实施	流程管理	L2 流程组 / L3 流程
活动水平	活动目标与活动成功测量	活动设计与实施	活动管理	L4 活动 / L5 任务

图 8-4　流程绩效九宫格

在每一层级中,均包括了指标的设定、指标实况的监测以及指标管理的改进。在组织层面,流程绩效聚焦于组织目标的厘定及其衡量准则,这些目标对组织的繁荣发展具有举足轻重的意义。进入流程层面,其注意力则转向定义流程成功所需的各项指标及其衡量尺度。再深入活动层面,它着眼于每个流程活动中所设定的具体目标和衡量标准。在实际应用中,流程矩阵的构建与流程框架紧密相连,借助各层级指标的设定与衡量,推动组织层级的流程管理与优化。因此,流程绩效实质上是基于流程的绩效体系设计,亦可称为流程导向的绩效管理。

从流程绩效矩阵的内涵出发,可以再次认识到,流程绩效并非对流程本身的简单评价,而是对企业整体或局部实际业务运行成果的全面评估。

举例来说,若组织设定的市场份额目标为 80% 以上,但实际表现仅为 66%,那么在组织层面,市场份额的丧失便成为主要的绩效问题。为解决此问题,需深入分析其原因,并聚焦于影响市场份额的关键订单履行流程进行细致研究。如图 8-5 所示该流程的基线目标是订单处理周期为 1 天,但实际周期长达 9 天,导致客户满意度持续下降,进而引发市场份额的缩减。进一步在活动层面剖析,关键活动在于确保订单信息的准确性和及时性。尽管企业为订单信息维护设定了100％的正确率目标,并要求订单信息必须每日及时提交,但实际情况却大相径庭:仅有1％～10％的订单信息得到了维护,其中83％的信息是准确的,且订单提交的频率仅为每周一次。通过这种层次分明的流程绩效分析,可以明确,提升市场份额的关键在于优化订单履行流程中的订单处理活动。通过提高订单处理的效率和准确性,可以有效提升客户满意度,从而为实现组织目标提供有力支撑。

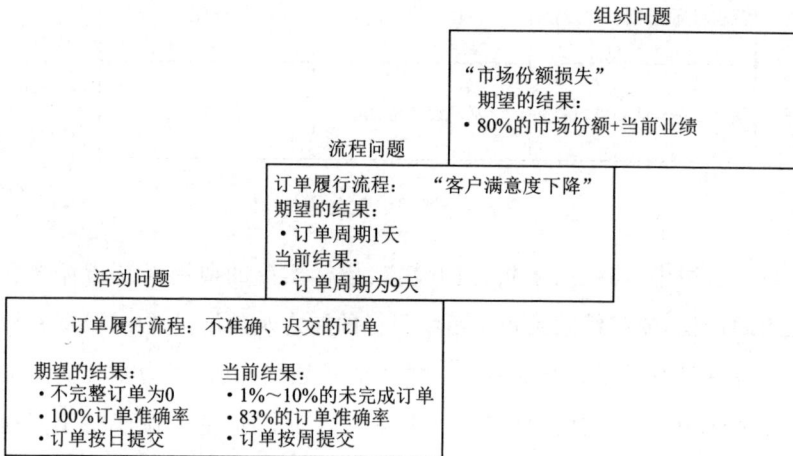

组织问题

"市场份额损失"
期望的结果:
• 80%的市场份额+当前业绩

流程问题

订单履行流程: "客户满意度下降"
期望的结果:
• 订单周期1天
当前结果:
• 订单周期为9天

活动问题

订单履行流程: 不准确、迟交的订单

期望的结果:	当前结果:
• 不完整订单为0	• 1%～10%的未完成订单
• 100%订单准确率	• 83%的订单准确率
• 订单按日提交	• 订单按周提交

图 8-5　流程绩效分解

在实施流程绩效的过程中,职能角色与职责之间可能会出现冲突。尽管财务、市场和其他绩效指标依然重要,但功能和产品技能同样不可或缺。一些组织可能会采用混合结构,将功能、产品、市场或地理维度与流程维度相结合。其他组织则可能采取更为激进的方式,几乎完全以流程为核心构建自身。

对于想实现流程驱动的组织转型的企业来说,采纳流程绩效矩阵概念是一项重大变革。仅仅承认流程在组织中的作用是远远不够的,将流程与组织的目标和措施相整合,以及与个人的目标相融合,才能带来真正的质变。正如人们所言,"绩效的一小步,流程的一大步"。

三、流程绩效与平衡计分卡

巴布森流程管理研究中心对战略一致性给出了如下定义：它是组织优先事项与企业流程之间为达成业务目标而建立的持续且紧密的联系。简而言之，这要求将战略目标与运营目标紧密相连，并进一步确保运营目标与流程目标的有效对接。这一理念为改善组织绩效指标、战略计划，改进项目和预算之间的一致性提供了有力的方法支持。特别是当组织采用如平衡计分卡（BSC）这样的工具来定义其业务战略时，流程管理便显得尤为重要，它专注于优化平衡计分卡的内部能力象限，见表 8-2。

表 8-2 平衡计分卡指标示例

财务 降低成本 提高生产力	**客户** 改进交付 提高服务质量 提高客户满意度
内部能力 提高组织的效率和效力 创建无缝的端到端业务流程，以提供所需的产品和服务	**学习与成长** 在所有工作中嵌入持续的流程改进 改变文化，促进流程思维和协作

如何将流程管理有效地融入平衡计分卡方法中呢？可以遵循以下步骤：

首先，评估平衡计分卡与战略之间的关联性。这涉及一系列关键问题的回答，包括组织的战略主题是什么，是否存在明确的因果关系且这些关系是否与流程绩效紧密相连，已确定的客户需求是什么，以及公司提出了哪些价值主张。

其次，在平衡计分卡中加入对流程绩效的关注点。例如，在平衡计分卡的四个象限中明确标注出流程绩效。建议使用从下至上的视角（即从学习和成长到内部流程再到客户，最终到财务）来建立目标之间的联系，并展示这种因果关系链。例如，提高运营员工的技能可以缩短周期时间并提高内部流程质量，进而可以提高准时交付的百分比，从而增加忠实客户的数量。随着忠实客户数量的增加，来自回头客的销售数量也会相应提升，最终降低销售成本并增加销售回报。

　　为了实现目标之间的紧密联系,必须注重具体改进措施。这包括明确领先和滞后指标的业务绩效衡量标准,设定合理的基线目标。完成这些准备工作后,便可以将关键流程、战略目标和改进措施进行对应关联。这种关联不仅提升了流程的重要性和端到端的流程思维,还有助于更深入地理解和优化这些关键流程。

　　在为关键流程制定衡量标准时,应综合考虑时间、质量、成本和生产力等多个方面。这些标准不仅用于评估流程的效率和效果,还可作为改进项目的指导依据。确保业务绩效度量与流程级别度量的一致性对于实现战略对齐至关重要。只有当这两者紧密协调时,才能确保整个组织的努力方向一致。一旦各级指标达成一致,就可以确定相应的流程改进项目,并对其进行持续的监督和评估。为了确保商业战略的深入应用并融入组织的日常运营,还需要定期进行审查并及时纠正任何偏差。

　　绩效体系的管理是一个涉及多个方面和层次的复杂过程。为了更好地管理这一体系,组织可以选择使用自动化软件或手工方式来管理平衡计分卡系统。无论采用何种方式,确保在正确的时间为正确的人员提供正确的信息都是至关重要的。

　　通过将流程绩效与平衡计分卡相连接,可以更有效地协调不同层级的战略目标。在确定了与组织层级目标的关联后,可以将计分卡系统逐步分解到各个业务单元,从而实施更为具体的战术和操作步骤。这种连接方法具有广泛的适用性,即使在没有完整流程框架的组织中也可以有效应用。当组织拥有成熟的流程框架时,它便可以作为与战略目标对接的关键工具,进一步增强平衡计分卡的实际效果和影响力。

　　然而,值得注意的是,如果组织的流程框架是从功能角度出发进行设计,而非基于端到端的视角或价值链的角度,那么 L1 流程指标的参考价值可能会受到限制,无法全面反映真实的组织级目标。因此,在设计和管理流程框架时,必须充分考虑组织的特性和需求,以确保其能够有效地支持战略目标的实现。

第二节　持续目标改进：流程生命线

一、流程绩效设计

流程绩效测量是对流程执行过程和结果的正式、有计划监控，旨在评估流程的有效性和效率。这一测量所提供的信息，对于决策者来说至关重要，有助于改进现有流程、淘汰不适用的流程，或引入新流程，从而推动组织实现战略目标。

如图 8-6 所示的流程绩效框架，特别强调了输入、吞吐量和输出之间的差异。这一框架为分类确定绩效指标提供了依据。在流程的输入阶段，关键因素包括员工、工厂、设备以及资产。这些输入因素的质量和数量，在满足客户需求方面起着决定性作用。同时，这些输入因素本身又代表了其他相关的输入因素。进入吞吐量阶段后，这些输入因素被有效利用和整合。最终的输出包括产品、服务和财务结果。

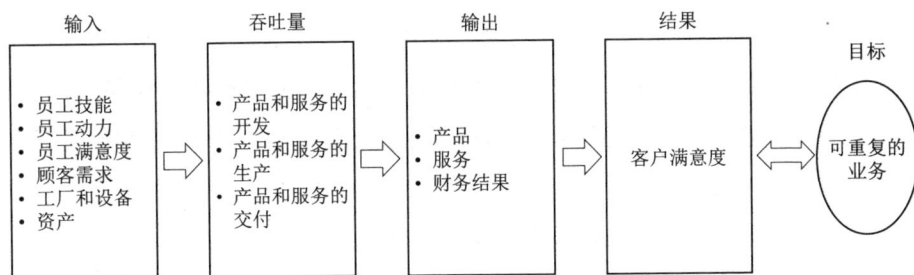

图 8-6　流程绩效框架

为了全面评估流程绩效，需借助一个综合的测量系统，该系统应包含输入、吞吐量和输出等绩效指标。此外，为了更好地满足客户需求和提高客户满意度，还需考虑其他相关的绩效指标。这些指标的准确测量和评估，有助于组织不断提升流程效率，最终实现战略目标。

所有流程都存在与流程输出相关联的度量指标。业务流程管理专业协会（ABPMP）将这些流程度量分为四个类别：时间、成本、容量和质量。在实践中，经常使用的效率和效力类度量,实际上是这四个基本度量之一或多个的函数。

对于企业级流程,存在多个与各个维度相关的指标。例如,涉及时间维度的指标有:产品开发提前期、交付周期和订单履行提前期等。与质量维度相关的指标有:产品发布缺陷、预测准确性等。涉及成本维度的指标有:销售成本、制造成本、物流成本和库存供应天数等。与容量维度相关的指标有:每个订单的客户金额数、客户增长率、市场占有率等。

企业级的流程指标建设,是通过跨职能流程的组合来实现的。这一过程也有助于推动跨职能流程向端到端流程转变。例如,常见的端到端流程包括:订单到回款流程、采购到付款流程、营销到报价流程、计划到履行流程、制造到分销流程以及问题到解决流程等。

二、流程绩效监控

流程在何种情境下会发出需要绩效改进或优化的信号?

流程管理是组织实现战略承诺的核心环节,它并非孤立存在,而是贯穿于整个组织的运营之中。为确保流程的高效运行,组织需借助一系列指标对其进行持续监控,以保障流程与既定目标的紧密对齐。在流程执行阶段,利用实时监控工具对流程能力进行不间断评估是至关重要的。一旦流程性能出现偏差,组织应通过持续或触发式的过程分析,深入挖掘偏差产生的根本原因,由领导者根据分析结果制定相应的纠正措施或对流程进行必要的调整。

以下是一些可能触发流程分析与优化的事件:

- 战略规划调整:当公司对其战略计划进行定期审视和更新时,会深入研究市场动态、竞争格局及新机遇,并据此设定新的目标。这些目标的调整可能影响到战略计划的执行,因此需要对流程进行相应的重新设计和优化,以确保其与新战略和目标的一致性。

- 绩效问题显现:当出现诸如生产率不足、偏离监管要求或销售支持流程与新产品上市不同步等绩效问题时,流程分析能够帮助组织准确识别问题所在,进而制定针对性的改进措施。

- 新技术的涌现:技术的进步为流程性能的提升带来了新的可能,同时也可能直接影响工作流中的决策过程。流程人员应积极评估新技术的潜力，并制定出最佳的实施方案，明确新技术的应用场景、方式及其对其他流程的影响。例如，亚马逊通过成功引入机器学习技术，实现了产品推荐的高度个性化，显著提升了用户体验和销售额。

- 合并、收购或剥离事件：在企业合并、收购或剥离过程中，如何有效整合或分离生产和服务流程成为关键决策点。流程分析在这类事件中发挥着至关重要的作用，有助于实现流程的标准化、降低基础设施成本，通过合理化 IT 应用来提升整体运营效率。此外，在剥离情况下，对关键流程进行事先分析有助于确保其在剥离后的部门或业务单位中得以平稳过渡和持续运行。

- 监管要求的变动：监管机构要求变动常常会对组织的业务流程产生直接影响。通过执行流程分析来明确这些要求的具体影响，组织可以更加有针对性地调整流程，在满足法规要求的同时有效管理风险、控制成本并最小化业务中断。对于流程成熟度较高的组织而言，法规变更甚至可能转化为一个提升流程效率和合规性的契机。

从整体来看，触发流程绩效分析的因素多种多样，可能源自战略目标的调整、变革项目的实施、流程的持续改进计划、新技术的引入、部门合并与重组、监管要求的变动等多个方面。这些优化措施可能涉及价值流的重新设计，也可能是流程活动或角色的编排的调整。

流程优化的需求主要来源于两种类型：一是持续监控类需求，它侧重于对流程绩效的日常跟踪与评估；二是事件触发类需求，它针对特定事件或问题进行深入分析与优化。事件触发型分析涵盖了上述各种场景，要求组织在特定事件发生时能够迅速响应并进行流程调整。持续监控型需求则依赖于完善的流程绩效反馈系统，该系统通过收集和分析流程绩效数据，实时监控流程的运行状态，为流程分析和改进提供有力支持。

三、流程绩效测量

为了有效地进行流程绩效测量，必须首先确定一系列可操作且可审核的指标。这些指标应当能够精确地反映流程的实际性能，为后续的流程调整提供明确的方向和坚实的依据。在度量流程绩效的过程中，可以采用多种方法，以下是其中几种常用的方法：

- 建模与仿真：这种方法借助专业的建模软件，旨在评估当前流程的性能状况，并预测流程未来可能的发展趋势。此外，它还能帮助识别当前流程与预期未来状态之间的差异，以确保流程的平稳过渡。
- 价值流映射：作为一种精益管理工具，价值流映射能够直观地展示整个流程、部门或组织的价值流动情况，从而帮助管理者更好地理解价值创造过程。
- 作业成本法（ABC）：这是一种会计方法，它通过将成本细分为各项作业任务来更准确地计算实际消耗的成本，为流程优化提供有力的数据支持。
- 统计方法：这类方法主要关注减少或消除流程中的可变性，以达到改进的目的。通过运用统计方法，可以深入了解流程输出结果（y）与输入（x）之间的关系，从而确定哪些因素对流程绩效起到关键作用。例如，6 西格玛和精益等基于数据的统计方法通常需要借助专业的统计软件来辅助实施。
- 流程绩效系统平台工具：目前市面有很多专业的流程绩效管理平台也可以作为一种选择，此类的流程绩效平台可以和流程建模、实际流程执行结合起来，也有一些商业智能分析软件，支撑绩效的监控、测量和管理。

在选择适合的流程绩效测量方法时，建议组织充分考虑自身的业务特点、需求以及现有资源和技术条件等因素，以确保所选方法能够最大限度地满足测量需求并提升流程绩效。

四、流程绩效分析

绩效问题可以理解为当前流程绩效与组织目标所需绩效之间存在的差距。为了准确地揭示这种差距的本质以及相应的纠正措施，通常需要进行深入的根本原因分析。

从企业的视角出发，组织是一个由个体、岗位、流程、职能和管理等相互依存元素构成的复杂系统。这些元素通过特定的组合方式产生组织绩效。因此，全面分析组织绩效必然要求深入探究影响组织的各种因素。这种绩效分析方法建立在以下前提之上：

- 组织被视作一个系统；
- 组织是由流程构成的系统；
- 组织具备自适应能力；
- 岗位或角色以及部门的存在旨在为组织流程提供支持；
- 所有执行绩效任务的人员均构成人力系统的一部分；
- 管理层必须确保组织系统的有效性；
- 结果链与业务关键问题紧密相连。

系统性的流程绩效分析方法以业务问题作为切入点，而非仅仅关注特定流程的绩效。这种方法的优势在于其聚焦于解决实际的业务问题。流程专业方法的分析和设计是业务分析的工具和手段，对于流程成熟度较低的组织来说，这种方法有助于加深对业务的理解和接受程度。然而，这也对业务分析人员的全面解构能力提出了更高的要求，需要他们了解战略、绩效、产品、服务、人力以及外部环境等多个方面。这种专业能力可以通过业务架构师和业务分析师的角色分工得以实现。

关于流程绩效分析和改进的具体方法，在流程变革的章节中已经详细阐述。通用的步骤包括：系统地分析当前的绩效状况、对绩效差距进行根本原因分析、确定改进策略和计划、实施解决方案，改进相关的流程和评估业务改进结果和流程绩效。在实践中，应用这种方法的关键成果物包括：现状分析报告、根因检查表、改进举措清单、目标与计划以及具体的改进流程清单和建议的解决方案。

第九章

从服务角度看流程：关系与协作

在大型组织中，流程的数量可能达到数百个甚至上千个，且这些流程往往横跨多个业务部门。管理如此庞大且错综复杂的流程体系是一项艰巨的任务。这种状态下业务会提出各种不同的需求，对于流程的专业服务能力提出了挑战，尤其是涉及流程组合服务的时候会变得尤为复杂。在为业务提供各种流程服务过程中，除了专业能力和业务需求的匹配，双方的关系也是影响服务效果和满意度的一个重要原因。

第一节　服务能力匹配：平衡需求与能力

随着组织在流程管理领域的日趋成熟，其策略逐渐由被动响应业务部门的具体需求转变为更加主动且具有前瞻性的模式。因此，流程组合服务的概念应运而生。

当组织提供流程组合服务时，必须权衡业务部门的需求与管理部门的能力。流程管理领域的著名学者罗斯曼提出，流程管理卓越中心所提供的流程服务组合应基于需求和能力两个维度进行深入分析和有效管理。

需求维度主要体现组织当前对特定流程服务的实际需求和偏好，这些需求和偏好可通过上述的流程目标领域分析得以明确。能力维度则揭示了流程管理卓越中心在提供特定服务方面的能力储备，这包括所积累的知识、技能和经验，以及成功交付所定义流程服务所需的技术实力。

通过整合需求与能力这两个维度，组织可以更高效地提供流程组合服务，从而满足业务部门的实际需求并优化管理部门的资源配置。

流程管理卓越中心提供的所有服务都应被定位在一个由需求和能力两个维度组成的组合中。每个维度都代表一个连续体，而不仅仅是简单的高低之分。如图 9-1 所示在流程管理需求与能力组合分析中，可以区分为四个不同的象限：

- 完美匹配：业务部门各类流程需求和服务的呼声很高，流程管理卓越中心有满足其需求的能力。
- 过度设计：流程管理卓越中心提供了一系列能力，却没有相应的需求。
- 真空：业务部门流程需求和服务的呼声很高，但流程管理卓越中心缺乏交付能力。
- 无行动区：这表明业务需求和卓越中心的能力都缺乏。

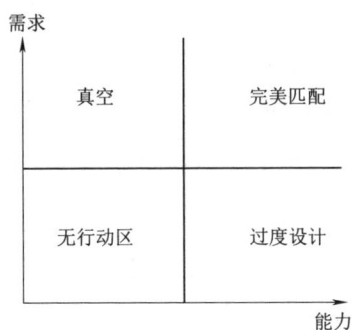

图 9-1 流程管理需求与能力组合

完美匹配：当业务对流程服务有需求，且流程管理卓越中心正好具备满足这些需求的能力时，就出现了需求和能力完美匹配的服务状态。这意味着流程管理卓越中心有足够的带宽来提供服务，并且拥有一个支持需求增长的业务模式。在这种情况下，对流程服务的需求就能够得到满足。然而，有时候遵守服务水平协议并提供熟练资源的模式仍然会遇到挑战。

为了实现可持续和可扩展的服务交付，一种典型的策略是在"流程自助服务"的旗帜下逐步将流程管理卓越中心的责任转移到业务部门,这通常可以在流程建模或流程改进等服务中观察到。

过度设计:当流程管理卓越中心具备一系列能力,业务部门却没有相应的需求时,就会出现过度设计的状态。至少目前这些流程服务是过度设计的。例如,流程管理卓越中心可能在流程仿真实施方面进行了大量培训,但组织可能尚未认识到对这些服务的需求。在此情况下,有两种可能的途径:要么淘汰这些服务,要么流程管理卓越中心坚信这些服务的重要性和好处。假设这些能力具备足够的质量,那么流程管理卓越中心将投资于针对利益相关者的特定沟通和营销计划,以提高人们对这些服务潜在未来好处的认识。

真空:当业务部门对流程服务的需求很迫切,但流程管理卓越中心缺乏提供这些服务的能力时,就会出现真空状态。事实上,这种情况在新成立的流程管理组织中尤为常见。尽管存在采用服务的意识和愿望,但流程培训和教育计划可能没有得到相应的投资。这种明显的真空状态在短期内通常由外部资源填补。为了实现长期的可持续性和能力开发匹配需求,流程管理卓越中心必须仔细考虑是否需要在内部建立所需的能力。此外,为这种能力的可持续性开发提供资金将是企业的主要挑战,需要根据长期的流程管理战略进行决策。在某些情况下,这可能只是一个非常具体或临时性的需求,例如企业系统升级或支持企业合并。然而,在另一些情况下,它可能确实代表着流程管理的长期战略转型的需求,例如从流程服务到架构服务的转型。

无行动区:表明既缺乏业务部门对流程服务的需求,流程管理卓越中心也缺乏相应的能力。这种状态,需要进行持续的评估工作,例如通过业务调研、访谈和焦点小组来挖掘业务流程需求。

如同所有组合管理方法一样,流程管理卓越中心应当致力于在各种服务之间达成一种均衡状态。在按服务计费的环境中,某些服务可能会因其高盈利性而成为"摇钱树",流程建模便是其中的典型例子,其收益可用于资助新服务的投入。然而,除了关注当前成熟的服务,流程管理卓越中心还需审慎地分析现有能力和技能存在的差距。例如,流程智能分析作为一项具备未来战略意义的服务能力,其潜在的发展空间和服务扩展可能性同样不容忽视,可以作为企业的服务能力储备。通过综合考量现有服务的成熟性与未来服务的发展潜力,流程管理卓越中心可制定出更加全面且可持续的服务发展策略。

第二节 流程协作关系:客户关系是生产力

一、业务关系管理

业务关系管理(BRM)与客户关系管理(CRM)在概念和技术层面紧密相连。BRM不仅汲取了CRM的先进技术和学科精髓,还在此基础上进行了进一步的深化和拓展。与CRM主要聚焦于外部客户不同,BRM更关注企业内部客户,强调内部关系的精心维护与高效管理。

在实际应用中,BRM所涵盖的职位名称丰富多样,如业务合作伙伴、IT合作伙伴、客户经理、业务部门经理、业务集成经理等。这些角色所服务的对象被称为业务方,而为业务方提供服务的部门则被称为服务方。这里的服务方可以涵盖信息技术部门,以及人力资源、财务、培训、设施等其他企业职能部门。

BRM角色的核心职责在于激发、展示和塑造业务部门对专业部门服务的需求,例如对IT服务、流程服务、HR服务等的需求,并确保这些服务的潜在价值能够得到充分利用和认可。同时,他们还积极影响代表服务方,努力确保其服务质量和能力能够达到业务方的预期标准。

在服务方与业务方之间,BRM角色发挥着不可或缺的桥梁作用。作为协调人,他们负责高效协调组织资源和能力,以实现业务价值的最大化。他们不仅协调各项资源以推动服务方的价值提升,还汇总并管理业务需求。例如,在实施某个IT项目时,他们可以协调类似企业架构师、项目经理等这样的角色,确保各方能够协同工作,共同实现业务目标。

同时,BRM角色还担任着导航器的重任,在实现业务价值的道路上为业务部门和服务方指明方向。他们致力于促进服务商与业务部门之间的深度融合，打破双方间的壁垒，将服务商的能力有效嵌入到业务中，以提升整体的灵活性和业务价值。此外，在战略层面，他们还积极推动业务部门制定战略规划和路线图，确保业务发展的方向和目标能够顺利实现。通过他们的努力，业务部门和服务方能够更加紧密地合作，共同推动企业的持续发展。

在需求与服务相互协作的过程中，实现双方价值最大化是一项基本原则。聚焦从流程管理视角阐述业务关系管理，这一原则主要体现在以下几个方面：作为伙伴实现需求塑造、需求探索、日常服务和价值收获。这些在日常的工作中主要体现为不仅可以和业务开展强有力的沟通，在战术层面提供基础的流程服务，还可以作为业务的战略合作伙伴，作为业务的商业 IQ，参与业务转型管理、投资组合管理等高价值的工作。

首先是需求塑造。该原则致力于刺激和塑造业务部门对流程管理的需求，确保业务战略能够充分利用流程管理能力，通过提供流程组合服务来实现业务战略。需求塑造的核心在于优化流程管理专业部门的服务和能力，以实现合理的需求管理。这意味着不仅要抑制低价值需求，还要同时刺激高价值需求。

除了满足业务部门提出的成熟需求，流程业务关系管理还需积极感知业务和技术趋势，以促进新需求的发现和探索。这是一个迭代和持续的过程，有助于为未来的新业务、新模式提供行业和技术见解。其主要目标是帮助业务部门识别与业务战略紧密关联的业务价值举措。

在服务方面，该原则强调在已开展的流程服务过程中，如流程建模、流程优化项目等，协调资源、管理业务期望并整合流程管理活动。这确保了流程管理专业人员的参与，将业务需求转化为有效的流程和管理需求，为业务战略、业务能力路线图、变革项目组合和项目管理提供有力支持。

最后是价值收获。这一原则旨在确保探索需求和服务活动带来的业务变革计划能够成功实施。价值收获包括跟踪和审查流程绩效和项目绩效的活动，确定专业流程服务为业务带来的价值，并启动触发持续改进周期的反馈机制。这一过程为利益相关者提供了对业务变革和举措结果的深入了解，有助于实现双价值最大化的目标。

二、成熟度模型

研究表明,要达到更高的流程 IT 成熟度,必须放入业务方。这意味着在业务和流程 IT 之间建立稳固的业务流程 IT 关系、培养流程 IT 知识,尤其是关于流程 IT 的业务价值以及实现该价值所需的知识至关重要。基于这些原因,流程 IT 服务成熟度可以提供参考(见图 9-2)。

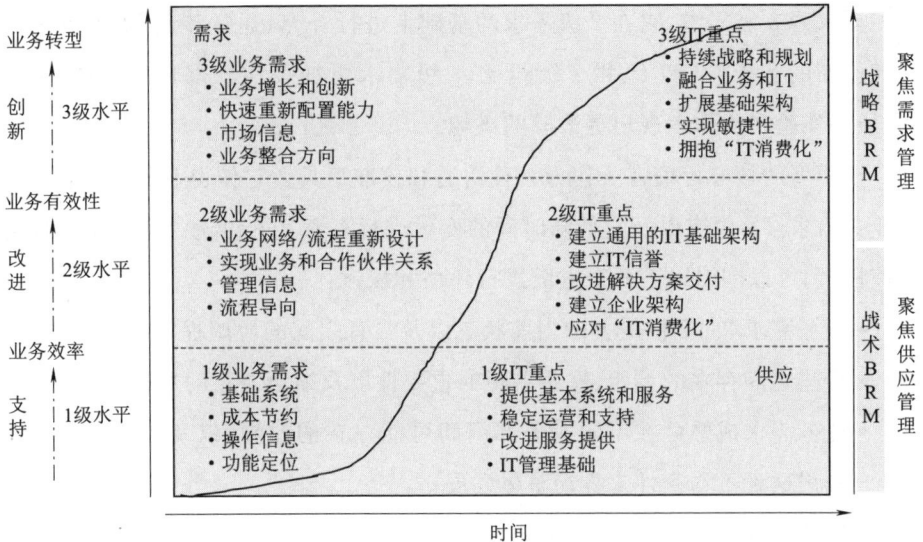

图 9-2 各区域文字内容如下：

纵轴（由下至上）：
支持｜1级水平——业务效率
改进｜2级水平——业务有效性
创新｜3级水平
业务转型

需求

3级业务需求
- 业务增长和创新
- 快速重新配置能力
- 市场信息
- 业务整合方向

2级业务需求
- 业务网络/流程重新设计
- 实现业务和合作伙伴关系
- 管理信息
- 流程导向

1级业务需求
- 基础系统
- 成本节约
- 操作信息
- 功能定位

3级IT重点
- 持续战略和规划
- 融合业务和IT
- 扩展基础架构
- 实现敏捷性
- 拥抱"IT消费化"

2级IT重点
- 建立通用的IT基础架构
- 建立IT信誉
- 改进解决方案交付
- 建立企业架构
- 应对"IT消费化"

1级IT重点　　　供应
- 提供基本系统和服务
- 稳定运营和支持
- 改进服务提供
- IT管理基础

右侧：战略BRM　聚焦需求管理；战术BRM　聚焦供应管理

横轴：时间

图 9-2　流程 IT 服务成熟度模型

S 曲线模型左侧描绘了各层次的业务需求特性,而右侧对应着 IT 服务方相应的服务目标。需要深刻理解的是,这是一个逐步累积的发展过程:较低层级的需求并不会随着层级的提升而消失。企业始终期望基础功能得到稳固保障(即1级需求)。若 IT 组织无法满足这一基本需求,其信誉和资金支持将受到损害,进而阻碍成熟度的提升。

以业务需求发展至2级为例,此时对1级效率的需求并未减退,反而转化为一种基础要求。在1级阶段,业务需求主要由独立的功能和地域性需求构成,这常常令 IT 领导者感到困扰,因为他们虽能洞察到跨职能流程和协作的巨大潜力,却难以将这些理念有效推广。1 级需求主要聚焦于为基础交易提供解决方案和运营优化服务,核心目标在于降低业务成本。

进而发展到 2 级需求,它在 1 级需求的基础上,进一步解决企业集成和信息整合的问题。2 级供应的侧重点在于部署通用基础设施和实施企业系统。此外,2 级供应还更加注重 IT 业务本身,关注投资组合管理、服务管理以及解决方案的快速提供。

再来看 3 级需求,它在 2 级需求的基础上进行补充,通常涉及 IT 对业务增长和创新的支持。与 1 级和 2 级相比,3 级需求更加关注外部环境,对商业智能、快速实验和协作表现出更浓厚的兴趣。

该模型的核心价值在于作为一种沟通和校准工具。它使得业务管理者能够就业务需求、IT 供应以及它们随时间的变化进行有意义的讨论。为了系统地运用该模型,可以围绕以下几个方面进行评估和探讨:

- 业务需求和 IT 供应方的当前状态以及二者之间的协调程度;
- 供需之间存在的差距、这些差距的重要性以及缩小差距的最有效策略;
- 业务需求成熟度在不同业务部门间可能存在的差异,以及如何适应甚至利用这种不均衡性来推动整体发展;
- IT 的运营模式应如何演变以适应和推动业务成熟度的不断提升。

业务服务成熟度的进阶总是呈现出不连续性的特点。要晋升至下一级别,并非仅仅通过在现有层面上的优化与提升就能实现。为了迈向第 2 级,业务和 IT 组织都需要勇于尝试新事物、摒弃过时的工作方式,并以创新的方法执行原有任务。从当前级别向更高级别的跃迁,通常涉及对新技术和方法的采纳与应用。然而,更为关键的是在心态、抱负和价值观层面取得实质性的突破。

当业务和 IT 在某个层面上达到平衡状态时,客户可能会表达出日常的满意度。但随着时间的推移,流程 IT 所能感知到的业务价值可能会逐渐降低。这是因为流程 IT 可能陷入重复性的工作,尽管执行得出色,却缺乏创新与进步。如果业务和 IT 领导者能够保持对技术商业潜力的敏锐洞察,那么增加流程 IT 投资、优化资产和计划以提升业务价值的压力将会不断增大，从而推动组织向更高一级别迈进。

尽管在各个层面上都可能实现孤立的业务产品和流程创新（这些创新往往由个别人员推动），但它们通常缺乏持续性和普遍性。在最高级别——第 3 级中，整个公司展现出强大而敏捷的流程 IT 能力，这一能力通过领导力的愿景规划、跨部门协作以及卓越的管理流程和规程得到进一步加强。

除了流程 IT 服务成熟度模型外，供需双方之间的关系定位还可以通过业务关系成熟度模型（BRMM）来描述。BRMM 描绘了一个包含五个级别的关系成熟度连续体：1 级没有计划、2 级临时接单、3 级连续服务、4 级可信任顾问和 5 级战略合作伙伴。在这个体系中，第 5 级代表一种理想状态，即服务方和业务方的期望得到了充分满足，并且这种关系得到了系统的管理和持续的优化。BRMM 的制定旨在帮助组织评估其与专业服务提供商之间的关系强度，并采取适当的措施来改善和优化这些关系。同时，它也关注业务对专业服务方能力的投资所能产生的价值。

业务关系成熟度模型包含五个层级，每个层级都通过简短的特性列表进行概述，并从业务角度和服务角度进行了更详细的描述。图 9-3 为使用业务关系成熟度模型及其几种典型场景：

- 评估企业当前的业务关系成熟度，以明确流程 IT 业务关系实施的起点和基础；
- 设定一段时间内的关系成熟度目标（例如确定在何时达到哪个成熟度级别），并制订实现这些目标的详细计划；
- 向管理层和关键利益相关者传达企业流程 IT 业务关系成熟度的当前状态，共同探讨提升关系成熟度的方法和策略；
- 在准备与业务伙伴进行讨论或制定关系战略时，将业务关系成熟度作为思考和决策的基础；
- 为处理各种业务关系管理活动提供信息支持，因为不同的成熟度水平可能会影响工作方法和策略选择。

流程
IT
合作伙伴/
供应

	融合了对战略的共同所有权和有意义的结果
	执行了一些咨询活动，但对战略成成果的共同所有权仍很低
	简仓和服务提供商的心态是存在的，但更多地使用指标会提高服务
	满足需求，以零星交付结果，投入很少
	先进先出，几乎没有战略或者规划

价值驱动结果

战略定义
流程合理

聚焦测量
利共享价值

增加业务关系的
投入

| 5级 战略合作伙伴 要求包容 |
| 4级 可信任的顾问 要求包容 |
| 3级 持续服务提供 商要求透明 |
| 2级 零散接单服务 要求满意 |
| 1级 临时反应没有 计划或要求等待 |

价值驱动结果

全面、包容地
思考战略

聚焦测量和共享
价值

投入努力和业务
形成合作关系

| 融合了对战略的共同所有权和有意义的结果 |
| 发展基于信任的协商关系，战略的所有权仍然属于业务 |
| 共同定义成功指标，支持卓越的服务交付和增长 |
| 业务带来预算、计划，供应商按照业务告知的内容提供服务 |
| 当没有其他选择时，业务会利用合作伙伴的服务，但预计会失望 |

业务
合作伙
伴/
需求

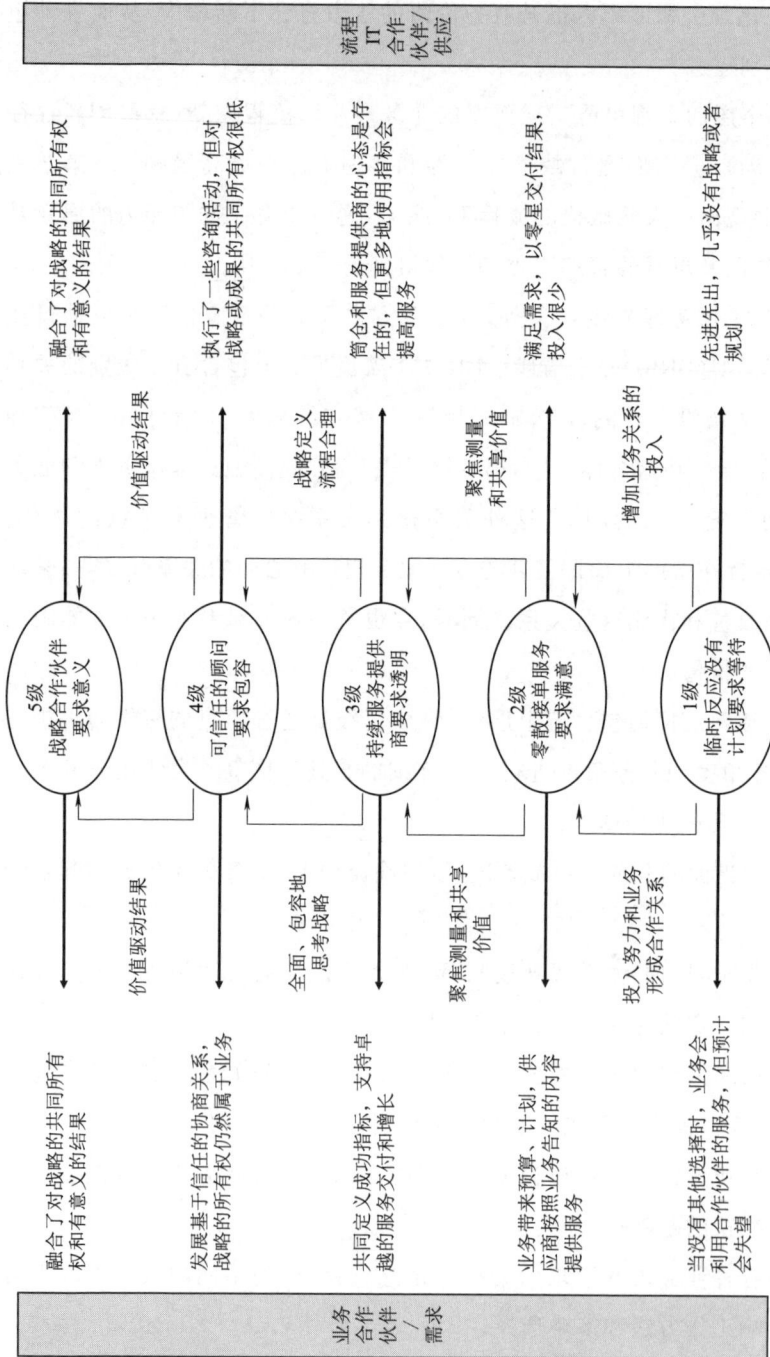

图 9-3　业务关系成熟度模型及典型场景

业务关系成熟度是一项关键的参考指标，它有助于确定流程管理卓越中心或流程 IT 部门与业务之间的合作形式。为确保合作策略的全面性和准确性，这一指标通常与流程成熟度评估的结果相结合进行综合考量。

针对不同流程成熟度水平的业务领域，需采用与之相适应的定位和合作策略，以推动与业务的协同发展。当业务领域的流程成熟度达到 P4 及以上水平时，应将其视为战略合作伙伴。在这一合作层次上，流程 IT 部门与业务部门将紧密协作，共同制定变革规划，为业务的顺利转型提供至关重要的支持。这种合作模式确保了双方在变革过程中的协同一致，为实现共同的业务目标奠定了坚实基础。

对于流程成熟度水平为 P3 级别的业务领域，建议流程 IT 部门担任业务顾问的角色。作为业务顾问，将为业务流程管理工作提供专业指导，参与重点流程改进项目，以确保业务领域重点项目或战略项目的顺利实施。业务顾问的角色不限于流程专业方法实施的咨询答疑，还需将工作与业务目标紧密关联。

当业务领域的流程成熟度处于 P2 水平时，意味着业务已初步建立起可重复的流程最佳实践。在此阶段，流程 IT 部门可以作为业务合作伙伴，持续陪伴并支持业务流程管理的日常工作，推动业务流程的不断优化和完善。

针对流程成熟度较低的业务领域，如业务规模不足以支撑有序的流程管理，或业务处于摸索和不稳定状态，对流程管理需求优先级不高或较少的情况，流程 IT 部门可以采用按需接单的模式响应其业务需求，即以业务需求为驱动开展流程 IT 工作，确保业务领域的满意度。

通过合理的关系定位和合作方式的选择，能够更好地满足不同流程成熟度水平的业务领域的需求。这不仅可以促进业务领域与流程 IT 的专业能力相匹配，还可以确保流程 IT 资源的有效配置，使业务目标和需求得到满足，从而实现业务领域的持续满意和共同发展。

后记

　　经过了 2023 年漫长的冬天，终于在这个春意盎然的温暖三月完成了本书的撰写。今天是春分，作为一年中的第四个节气，也是本书完成的日子，一切都显得刚刚好。我突然想起海迪老师关于春分的讲解，与今天十分应景。

　　在春分这一天，太阳直射赤道，使得南北半球昼夜平分。那么，春分这个节气究竟有多么珍贵呢？从农历的角度来看，春天从立春开始，至立夏结束，共历时 90 天。如果将春天从中间分割，那么春分便是这中间的一天。春分，顾名思义，将春天一分为二，因此古时候春分也被称为春半。当明白了这些，便能深刻理解那些描绘春天的诗句："农耕田野暖风飘，桃李开花柳未娇，九十春光已到腰"。同样，我们也可以领悟"别来春半，触目愁肠断，砌下落梅如雪乱，拂了一身还满"的深意。

　　春天在农历上共分为三个月，第一个月被称为早春或初春，第二个月称为仲春，第三个月则是暮春。春分所在的月份，正是第二个月，即仲春。仲春时节，春光正好，春意盎然，因此可以理解李白笔下"故人西辞黄鹤楼，烟花三月下扬州"所描绘的暮春景象，而"草长莺飞二月天，拂堤杨柳醉春烟"则正是此刻所经历的仲春时光。

　　仔细想来，春分前后的仲春确实是一段刚刚好的时光。此时，日夜平分，光照适中；春色平分，气温宜人；树木生机勃勃，长势良好；泉水流淌不急不缓，恰到好处。人生中，最难得的便是这种恰到好处的平衡与美好。希望读者在阅读这本书的时候，也能感受到这种刚刚好。刚刚好产生兴趣，刚刚好遇到困惑，刚刚好有所发现，刚刚好开始探索，刚刚好有所需求……也希望这明媚的春光能给每一位读者带来好运,更希望在这个充满变革的时代,每一位读者都能找到属于自己刚刚好的位置。

过完今天,日照时间将逐渐增长,再过一个半月,春天便会悄然离去。如果仲春的时光已经如此美好,那么杭州的仲春更是别有一番风味。不仅有西湖边的"苏堤春晓"和"柳浪闻莺",还有钱塘江畔的满树樱花、法喜寺的古玉兰、太子湾公园的郁金香,无边春色尽收眼底。因此,不妨趁此春光正好,外出踏青、爬山,欣赏百花齐放,聆听泉水叮咚,感受大自然的魅力,享受春色的无限。这便是我此刻的心境,想与家人、朋友一同赏春的美好心境。

张燕飞

杭州,2024 年春分